U0895308

教育部人文社会科学研究规划基金项目（12YJA630198）资助
河南省哲学社会科学规划项目（2015BZH009）资助

Research on the relationship Between Enterprise Slack Resources and University-Industry Cooperative Innovation

企业冗余资源与校企合作创新的关系研究

钟和平 /著

中国财经出版传媒集团
经济科学出版社
Economic Science Press

图书在版编目（CIP）数据

企业冗余资源与校企合作创新的关系研究/钟和平著．
—北京：经济科学出版社，2018. 1
ISBN 978 - 7 - 5141 - 9035 - 9

Ⅰ. ①企… Ⅱ. ①钟… Ⅲ. ①职业教育 - 产学合作 -
研究 - 中国 Ⅳ. ①G719. 2

中国版本图书馆 CIP 数据核字（2018）第 027007 号

责任编辑：李 雪
责任校对：刘 昕
版式设计：齐 杰
责任印制：邱 天

企业冗余资源与校企合作创新的关系研究
钟和平 著
经济科学出版社出版、发行 新华书店经销
社址：北京市海淀区阜成路甲 28 号 邮编：100142
总编部电话：010 - 88191217 发行部电话：010 - 88191522
网址：www. esp. com. cn
电子邮件：esp@ esp. com. cn
天猫网店：经济科学出版社旗舰店
网址：http：//jjkxcbs. tmall. com
北京季蜂印刷有限公司印装
710 × 1000 16 开 12 印张 160000 字
2018 年 1 月第 1 版 2018 年 1 月第 1 次印刷
ISBN 978 - 7 - 5141 - 9035 - 9 定价：42. 00 元
（图书出现印装问题，本社负责调换。电话：010 - 88191510）

前　　言

我国长期的粗放型增长方式导致我国企业存在大量的冗余资源，严重影响了企业的经济效益和发展。当前，我国经济发展进入新常态，传统发展动力不断减弱，面对企业增长乏力的严峻现实，在国家实施创新驱动战略下，如何通过校企合作创新将企业的冗余资源转化为企业的创新产出，促进企业的长足发展，是企业管理者面临的巨大难题，因而，本书提出研究“企业冗余资源与校企合作创新的关系”具有非常重要的理论价值和应用价值。

本书基于资源冗余观、校企合作创新理论，采取理论研究和实证分析相结合的方法，研究企业冗余资源与校企合作创新的关系，构建企业不同类型的冗余资源与校企合作创新的形成和发展之间关系的基本框架，并基于中国河南、湖北、广东等15个省市146家制造企业的调研数据，实证检验了企业不同类型的冗余资源与校企合作创新驱动力、合作创新伙伴选择、合作创新模式选择、合作创新稳定性、合作创新绩效之间的关系，以及企业不同类型组织能力对不同类型的冗余资源与校企合作创新之间关系的影响方式和影响效果。实证检验结果表明：

(1) 不同的企业冗余资源会对校企合作创新的形成产生不同的影响。企业物质冗余、人力资源冗余、技术冗余均显著正向影响校企合作创新驱动力；人力资源冗余多的企业在选择合作高校时，更看重合作高校的技术；技术冗余多的企业在选择合作高校时，同等看重合作高校技术和合作高校专家；物质冗余多的企业会优先考虑合作研发模式，人力资源冗余多的企业、财务冗余多的企业、技术冗余多的企业会优先考虑技术交易模式。因此，企业要通过不断提高生产经营效率，加强人力资源的开发与管理，积极推动全员创新，使企业保持较多的物质冗余、人力资源冗余、技术冗余，进而不断增强企业的校企合作创新的驱动力；企业在选择合作高校伙伴时，应根据企业冗余资源的不同类型及不同冗余程度，来确定看重合作高校技术和看重合作高校专家的优先权重，从而快速提高高校合作伙伴选择的成功率；企业应在企业物质冗余、人力资源冗余、财务冗余、技术冗余的绝对量和相对量的比较分析的基础上，选择适合的校企合作创新模式，从而促进校企合作创新的顺利进行。

（2）不同的企业冗余资源会对校企合作创新合作效果产生不同的影响。企业人力资源冗余、技术冗余显著正向影响校企合作创新稳定性；企业人力资源冗余、财务冗余、技术冗余显著正向影响校企合作创新绩效。因此，企业应不断提高企业的人力资源冗余和技术冗余水平，进而促进高校和企业资源的相互依赖，不断提高校企合作创新稳定性；企业应保持较多的人力资源冗余、财务冗余、技术冗余，从而促进校企合作创新绩效的不断提高。

（3）企业知识吸收能力对企业冗余资源与校企合作创新驱动力之间的关系具有正向调节作用。企业知识吸收能力与校企合作创新驱动力显著正相关，企业知识吸收能力对企业物质冗余、人力资源冗余与校企合作创新驱动力之间的关系均具有显著的正向调节作用，因此，企业应加强企业知识吸收能力建设，通过提高企业知识吸收能力来促进校企合作创新驱动力的提高，通过提高企业知识吸收能力来进一步增强企业物质冗余、人力资源冗余对校企合作创新的驱动力的正向促进作用，进而促进校企合作创新的形成与发展。

（4）不同的企业能力对企业冗余资源与校企合作创新绩效之间

的关系具有调节作用。企业知识吸收能力与校企合作创新绩效显著正相关，并且对人力资源冗余、技术冗余与校企合作创新绩效之间的关系均具有显著的正向调节作用；企业技术创新能力与校企合作创新绩效显著正相关，并且对财务冗余与校企合作创新绩效之间的关系具有显著的正向调节作用，对物质冗余、人力资源冗余与校企合作创新绩效之间的关系均具有显著的负向调节作用，因此，企业应加强知识吸收能力和技术创新能力建设，进一步增强知识吸收能力对企业人力资源冗余、技术冗余与校企合作创新绩效之间关系的正向调节作用，进一步增强企业技术创新能力对财务冗余与校企合作创新绩效之间的关系的正向调节作用，降低企业技术创新能力对企业物质冗余、人力资源冗余与校企合作创新绩效之间的关系的负面影响，从而进一步改进校企合作创新绩效。

第1章
绪　论

当前，宏观层面，我国经济领域结构性产能过剩比较严重，“去产能”已成为2016年以来我国经济工作的重中之重；而在微观层面，我国长期的粗放型增长方式导致我国企业存在大量的冗余资源，严重影响了企业的经济效益和发展。另外，我国经济发展进入新常态，传统发展动力不断减弱，企业增长乏力。面对严峻的企业经营现实，在国家实施创新驱动战略下，如何将企业的冗余资源转化为企业的创新产出，促进企业的长足发展，是企业管理者面临的巨大难题，因而，本书提出研究“企业冗余资源与校企合作创新的关系”，试图为破解这一难题提供理论支撑。

1.1　研究现状与问题的提出

1.1.1　企业冗余资源的研究进展

20世纪60年代以来，国外兴起了对冗余资源的研究，冗余与创新已成为组织理论和战略管理文献中讨论的焦点问题（Geiger & Cashon，2002；Geiger & Makri，2006）。冗余资源是组织在生产一种给定水平的产出时，超出最低必需的投入所产生的资源存积（Nohria & Gulati，1996）；它是组织的一种可利用的潜在资源，它能够被转化和利用以实现组织的目标（George，2005）。冗余资源实际上就是超过组织现有业务需要的过剩资源，冗余的观点很重要，因为两个组织拥有相同的资源，但它们的现有业务对资源的需要不同，因而，两个组织的冗余资源不同，发展潜力不同，而经典的基于资源理论还特别强调冗余资源作为公司发展的驱动器的重要性（Penrose，1959；Mishina et al，2004）。早期的学者研究认为，冗余资源为企业的创新和变革提供了资源，促进了企业的长期发展（Penrose，1959；Cyert & March，1963；Carter，1971；Singh，1986）。

国外学者主要从组织行为理论和代理理论视角，对冗余资源的概念、冗余资源的来源、冗余资源与企业创新和绩效的关系等方面进行了广泛的探索研究，研究提出了冗余资源与企业创新或绩效之间的正相关（Singh，1986；McArthur & Nystrom，1991）、负相关（Jensen & Meckling，1976）、倒 U 形关系（Nohria & Gulati，1996；Tan & Peng，2003）、U 形关系模型（Chiu & Liaw，2009）。一些学者基于传统的冗余分类，进一步研究了不同类型的冗余资源对企业财务绩效、创新绩效、国际化的线性或非线性影响，Geiger 和 Cashen（2002）从冗余的多维角度，进一步研究认为，可利用冗余（available slack）、可恢复冗余（recoverable slack）与创新之间是一种倒 U 形的关系，潜在冗余（potential slack）与创新正相关；Herold 等（2006）拓展了 Nohria 和 Gulati（1996）的研究成果，研究了组织的未吸收冗余（unabsorbed slack）与以专利为基础的创新之间存在的倒 U 形的关系；Lin 等（2009）采用组织理论和经济理论，利用我国台湾地区的 179 个高科技上市企业的纵向数据

（2000～2005年），探索了高自由配置冗余（high-discretion slack）和低自由配置冗余（low-discretion slack）对企业国际化的不同影响，结果表明，高自由配置冗余与企业国际化存在U形关系，相比之下，低自由配置冗余与企业国际化呈现正向线性关系。Marlin和Geiger（2015）利用437家制造公司的调研数据研究了冗余资源的不同配置结构与技术创新的关系，发现中高程度的内部冗余组合（可利用冗余和可恢复冗余）与中高程度的潜在冗余的配置结构可产生高水平的技术创新。Murro等（2016）利用208家巴西企业的面板数据，研究了不同组织冗余与创新之间的关系。结果表明，潜在冗余和可恢复冗余/已吸收冗余对创新过程产生了显著的积极影响，未吸收冗余/可利用冗余也产生正向影响，但影响相对较小。

一些学者则将研究的重点转向了冗余资源、企业管理情景因素、企业创新或财务绩效之间的相互作用机理方面的研究（Chen & Huang，2010；Lin & Liu，2011）。Laffranchini和Braun（2014）利用583家意大利家族企业的面板数据（2006～2010年）研究发现，冗余资源与企业绩效之间存在非线性曲线关系，董事会规模、董事会独立性调节这种非线性关系，高董事会规模条件下，冗余资源与企业绩效之间存在U形关系，低董事会规模条件下，冗余资源与企业绩效之间存在倒U形关系；高董事会独立性条件下，冗余资源与企业绩效之间存在U形关系，低董事会独立条件下，冗余资源与企业绩效之间存在倒置U形关系。Fadol等（2015）基于阿拉伯联合酋长国102份私立医院和公立医院的调查问卷证明，冗余资源与组织绩效正相关，战略规划在冗余资源与组织绩效之间发挥中介作用。Dutta等（2016）应用美国企业在2000～2010年的4812份跨国并购数据（横跨41个行业和44个目标国家）证明，冗余资源负向调节跨国公司的以往经验和随后的跨国并购决策之间的关系，CEO过度自信正向调节跨国公司的以往经验和随后的跨国并购决策之间的关系，CEO 任期正向调节跨国公司的以往经验和随后的跨国并购决策之间的关系。

近年来，越来越多的国内学者开始关注冗余资源的研究，国内一些学者重点研究了冗余资源与企业绩效的关系。蒋春燕和赵曙明（2004）以 278 家中国上市公司数据（1994～2001 年）为样本，分析提出了组织冗余与企业绩效之间的三阶段关系模型，阶段一（冗余太少）正相关，阶段二（冗余适度）负相关，阶段三（冗余太多）正相关；邹国庆和倪昌红（2010）以 699 家中国上市公司作为样本，研究了制度环境对经济转型中的组织冗余与企业绩效之间关系的调节作用，他们的研究表明，企业冗余资源与绩效之间存在倒 U 形关系，公司内部治理在弱化冗余资源与绩效之间的正向关系的同时，也弱化了冗余资源与绩效之间的负向关系；李文君和刘春林（2011）以 2008 年中国 A 股市场 1165 家制造业上市公司为样本，检验了在危机环境下行业竞争程度对企业不同类型冗余资源与绩效之间关系的调节作用，他们的研究表明，危机发生时，非沉淀性冗余资源（未吸收冗余）正向影响企业绩效，沉淀性冗余资源（已吸收冗余）负向影响企业绩效，行业竞争强度加强了非沉淀性冗余资源（未吸收冗余）与绩效之间的正相关关系，同时也加强了沉淀性冗余资源（已吸收冗余）与绩效之间的负向关系；赵立祥和张文源（2015）以中国中小板和创业板（2010～2012 年）首次公开的 691 家上市公司为样本，探讨了创业投资对组织冗余与企业绩效关系的调节作用，研究发现，在中小企业和创业企业中，冗余资源与绩效之间存在倒 U 形关系，创业投资参与负向调节冗余资源与绩效之间的倒 U 形关系，并且，创业投资持股比例越多，投资期限越长，其负向调节作用越强；段海艳（2016）以 2010 年中国西南地区 5 个省份的干旱为背景，以四川、重庆、云南、贵州、广西的 122 家上市公司为样本，检验了突发事件情境下冗余资源与企业绩效之间的关系，结果表明：高自由配置的冗余资源正向影响企业绩效，但其影响程度随着时间的推移而减弱，并且，在突发事件情形下，突发事件对企业的影响程度正向调节高自由配置的冗余资源与企业绩效之间的正相关关系。

冗余资源与企业创新的关系方面的研究也得到了越来越多的国内学者的重视。方润生（2003）最早开始中国情景下的冗余资源与创新方面的研究，他从冗余资源的控制权角度将企业冗余资源分为组合冗余和分散冗余，并运用607家中国企业的问卷调查数据证明，分散冗余与产品创新正相关，组合冗余与过程创新正相关（方润生和李雄诒，2005）；郭立新和陈传明（2010）基于500家中国制造业上市公司面板数据（1999~2006年）的实证分析发现，组织冗余与企业技术创新绩效之间存在U形关系；王艳等（2011）运用513家深市上市公司截面数据（2006~2009年）研究了冗余资源对企业研发投资决策的影响，他们的研究结果表明，企业冗余资源与研发投入之间存在倒U形关系；李妹和高山行（2011）基于270家中国企业的问卷调查的实证研究发现，未吸收冗余正向影响企业自主创新，企业家导向、环境不确定性正向调节未吸收冗余与企业自主创新之间的关系；连军（2013）以567家中国沪深A股市场民营上市公司（2007~2010年）为样本，研究发现可利用冗余和潜在冗余正向影响企业R&D投资，但可恢复冗余会挤占R&D投资；王亚妮和程新生（2014）基于中国A股制造业上市公司（2007~2011年）的实证分析发现，沉淀性冗余资源（已吸收冗余）与企业创新之间存在U形关系；王娜和衣长军（2016）则利用67家中国在美上市公司（2008~2013年）的面板数据研究证明，未吸收冗余和已吸收冗余均正向影响公司创新强度，国际多元化程度正向调节未吸收冗余与创新强度之间的关系、负向调节已吸收冗余与创新强度之间的关系。

总体来看，国内外冗余资源的相关研究成果丰富，尽管国内研究起步较晚，尚能紧跟国际研究步伐。目前，国内外的相关研究重点关注冗余资源、企业管理情景因素、企业创新或财务绩效之间的相互作用机理及复杂关系的探索，并基于各国企业实际进行实证检验，对企业环境因素的影响的研究关注较多，对企业能力的影响的研究关注较少；对传统分类的冗余资源（如已吸收冗余、未吸收冗余）的研究关注较多，对其他分类的冗余资源（如物资冗余、人力资源冗余、财务冗余、技术冗余）的研究关注较少，对上市公司的研究关注较多，对其他企业的研究关注较少；对基于财务数据的冗余资源的客观测度的研究关注较多，对管理者感知的冗余资源的主观测度的研究关注较少。

1.1.2 校企合作创新的研究进展

国外校企合作创新具有悠久的历史，从整体上看，西方发达国家，尤其是欧美国家，已经形成了较为完善的校企合作制度体系和微观运行机制。国外学者主要从资源依赖理论、交易成本理论、战略选择理论视角研究了校企合作创新的动因、组织模式、形成和运行机理、产出绩效。高校视角的校企合作创新动机主要有响应政府政策（López - Martínez et al，1994；Perkmann et al，2011a），获得互补性专门知识、最先进的设备和设施（Sherwood et al，2004）、大学毕业生就业机会（Lee & Win，2004；Santoro & Betts，2002），获得研究经费（Harman & Sherwell，2002）、商业机会（Logar et al，2001）、学者个人财务收益（Siegel et al，2004），发现新知识、测试理论应用（Cyert & Goodman，1997）；企业视角的校企合作创新动机主要有增强企业的技术能力和经济竞争力（Cohen et al，1998）、节省成本（George et al，2002）、人力资本开发（Santoro &

Chak-rabarti, 1999), 获取先进技术 (Klofsten & Jones - Evans, 1996)、降低风险 (Schartinger et al, 2002); 校企合作创新的组织模式主要有研究支持 (如捐赠/信托基金)、合作研究 (如机构协议、团体安排、机构设施、非正式意向)、知识转移 (如雇用近年来的毕业生、个人互动、机构项目、合作教育) 和技术转让 (如产品开发、通过大学研究中心的商业化活动) (Santoro & Gopalakrishnan, 2000); 校企合作创新的形成通常经历五个阶段: 合作伙伴识别、建立联系、合作伙伴评估和选择、合伙谈判、协议签署 (Mitsuhashi, 2002); 校企合作创新产出主要有: 经济利益 (如给整体经济带来的好处)、机构利益 (如来自高校和企业的利益)、社会利益 (如与公共活动或促进社交有关的利益) (Geisler, 1995; Lee, 2000)。

目前, 国外研究重点关注提高校企合作创新效果的影响因素。一些学者研究了合作主体企业因素的影响: 企业规模、产业类型、互补的创新活动、企业吸收能力、创新战略、企业家的学者特征, 与校企合作创新正相关 (Veugelers & Cassiman, 2005; Lai, 2011; Colombo & Piva, 2012), Bercovitz 和 Feldman (2007) 基于加拿大 100 个研发密集型企业 CEO 的调研数据研究发现, 当企业研发战略强调探索新机会和开发新的企业能力时, 首选分配较多的研发资源给探索性的大学研究机构, 并与之发展深层次的多方面的合作伙伴关系。Segarra - Blasco 和 Arauzo - Carod (2008) 运用西班牙 4150 家创新型企业的调研数据研究证实, 研发密集型行业的企业, 尤其是服务业的企业, 进行校企合作创新的倾向更高, 合作创新随着公司的规模增加而增加, 内部研发活动增加了建立校企研发合作协议的倾向; 从事产品创新和过程创新的公司具有更高的建立校企研发合作协议的倾向。Giuliani 和 Arza (2009) 利用智利和意大利两个葡萄酒集团的数据, 探讨了推动形成"有价值的校企合作关系"的因素, 他们的研究表明, 公司的知识基础被认为是"有价值的"校企合作创新链接的关键驱动力，公司知识基础越强，公司与大学建立联系的可能性就越高。Soh 和 Subramanian（2014）基于 Plunkett 目录的 437 家上市生物技术和制药公司的数据，研究了企业的研发重点类型如何提高或减少企业的校企合作创新收益，他们发现企业的技术重组的重点正向调节校企研发合作与企业专利绩效之间的关系，企业的科学研究重点负向调节校企研发合作与企业专利绩效之间的关系。

一些学者研究了合作主体大学因素的影响：创业导向、技术转移办公室的存在和生产效率、新企业的创办及其环境等通常被认为是影响校企合作创新能力的最重要的影响因素（Rothaermel et al，2007）；制度规范、激励机制、大学声誉、教师特征会使一些大学比另外一些大学更具创业精神（Boardman & Ponomariov，2009；Gaughan & Corley，2010）。Boardman（2009）利用美国 1647 位学术研究人员的调查数据，研究了不同类型的大学研究中心如何影响个人层面的大学—企业互动，结果表明，与政府和企业赞助的大学研究中心的隶属联系与学术研究人员的企业参与正相关，与只由政府赞助的大学研究中心的隶属联系与学术研究人员的企业参与正相关；与只由企业赞助的大学研究中心的隶属联系不影响学术研究人员的企业参与，但正向影响学术研究人员与企业建立各种联系的可能性。一个学术研究人员用于大学研究中心研究的总工作时间的比例与企业参与度正相关，大学研究中心支付给学术研究人员的总薪酬的比例与企业参与度正相关。Perkmann、King 和 Pavelin（2011）基于 164 所大学的调查数据，研究了大学教师素质对校企合作创新的影响，他们发现，在技术导向的学科，教师素质与企业参与正相关；在医学和生物科学中，教师素质与企业参与正相关，而明星科学家与企业参与负相关；在社会科学方面，教师素质与企业参与负相关。Tartari、Valentina 和 Breschi（2012）通过对意大利三大高校

（米兰大学、米兰理工大学和卡拉布里亚大学）2163 名研究人员的大规模调查发现，与企业合作的决定受到了对研究人员学术自由威胁的影响，保密问题似乎并不重要，而获取额外资源的愿望影响校企合作的强度。Muscio（2013）基于 197 个意大利大学部门（从事工程和物理科学研究部门）的调研数据，研究了地理位置、研究品质、研究人员流动性对校企合作创新的频率和对从事远程合作创新部门的概率的影响，他们发现，研究质量和应用性促进部门与远方企业伙伴的互动，大学研究人员流动促进了与企业远方伙伴的合作，有限的对大学研究服务的地方需求推动各部门与遥远的企业伙伴建立合作关系。Guerzoni 等（2014）使用 NBER 美国专利引用数据文件和美国国家癌症研究所的癌症研究专利数据（1998 ~ 2004 年）研究发现，大学资助的项目与更大的专利原创性相关，企业资助的项目（没有大学基金）与较低的专利原创性相关。Tartari 和 Salter（2015）采用一种匹配技术，通过对大量英国物理和工程科学家的样本数据进行分析发现，与职称、地位、年龄和专业差不多的男性同事相比，女性学者较少参与校企合作创新活动。

一些学者则研究了合作过程因素的影响：先前的合作经验、信任、合同安排、共同治理、专门协调和正式评估程序会对校企合作创新产生显著性影响（Bruneel，D'Esteb & Salter，2010；Lee，2011；Freitas et al，2013；Bstieler et al，2015）。Petruzzelli（2011）基于 12 个不同的欧洲国家的 33 所大学开发的 796 个校企合作创新完成专利样本，研究证实，合作伙伴间的技术关联性与合作创新成果价值之间存在倒 U 形关系，先前的合作经历、大学和公司之间的地理距离都与高创新产出正相关。Frasquet、Calderón 和 Cervera（2012）运用西班牙 322 家公司的问卷调查数据，分析了校企合作创新关系，结果表明，沟通是校企合作关系的一个关键构建块，正向影响这种校企合作关系的满意度、信任和功能冲突，信任和承诺增加企业与高校合作水平。Plewa 等（2013）基于澳大利亚 217 份调查问卷研究了关系因素对校企合作创新演进的影响，他们发现，个人之间的相互关系与初始阶段、参与阶段和持续参与阶段的沟通、理解、信任正相关，沟通、理解、信任与初始阶段、参与阶段和持续参与阶段的校企合作创新产出正相关。Maietta（2015）基于意大利制造企业调查数据（来自 Capitalia 调查，覆盖 1995 ~ 2006 年）研究发现，在低技术产业中，校企合作研发影响过程创新，一种更新颖的证据表明，产品创新正受到地理邻近大学的正向影响，但受其编码知识生产量的负面影响。Attia（2015）基于埃及 162 个公司收集的数据证明，与方向相关的障碍阻碍埃及的校企合作创新，与交易有关的障碍阻碍埃及的校企合作创新；关系驱动因素支持埃及的校企合作创新，商业驱动因素支持埃及的校企合作创新。Bstieler 等（2015）对美国生物技术行业 105 个最近的校企合作单位调查数据的分析表明，大学知识产权政策的灵活性和透明度以及校企合作伙伴的共同治理都与信任形成正相关。Bodas Freitas 和 Verspagen（2017）基于荷兰 30 个校企合作创新单位的深度访谈数据研究表明，合作的技术目标和组织结构是允许双方的目标和期望的整合的可锻性变量，不同的校企合作创新的机构激励支持动机排列的特定轴和某些类型的合作项目设计，因而，特定的组织和技术结构往往在特定机构的存在下占上风。

自 20 世纪 80 年代起，产学研结合就成为我国科教兴国战略的重要内容之一，作为产学研结合的重要组成部分的“校企合作创新”理所当然地成了我国学术界讨论的热点问题。国内学者主要借鉴国外学者的研究理论与方法，结合中国实践，研究了校企合作创新的动因、组织模式、形成和运行机理、影响因素。优势互补、节约交易成本、防止技术“溢出效应”（李光红，2007）、技术发展（杨东林和孟波，2010）、市场需要与竞争、风险、政府因素（贺璐，2013）、人才需求（李鑫伟，2013）是校企合作创新的主要动因；合作各方通过优势互补，使合作不断向前发展（张昌松等，2002；徐静等，2012；傅利平，2013）。技术转让（蒋丹，2007）、委托开发（李光红和杨晨，2007；仲伟俊等，2009）、联合开发（孙雷，2008；吕璞和林莉，2012）、信息交流和疑难咨询（王艳丽和薛耀文，2010）、人才培养（孟克等，2009；王艳丽和薛耀文，2010）是校企合作创新的主要组织模式；不同的合作创新主体在不同的环境因素下选择校企合作的对象不同（张昌松等，2002；景临英等，2008）；合作伙伴、合作项目（安宇宏，2004）、信任机制（安宇宏，2004；郜振廷和赵江娜，2007；夏维力和李晓歌，2015）、合作模式（安宇宏，2004；郜振廷和赵江娜，2007）、利益分配（王文亮和刘岩，2011）、合作风险（李璇，2009；张洪剑，2011）、合作绩效评价都会对校企合作创新效果产生不同的影响（孙伟等，2009；谢园园等，2011；李梅芳等，2012；李培楠等，2013）。

一些学者应用博弈论研究了校企合作创新机制问题，建立了校企合作创新利益分配模型（鲁若愚等，2003；詹美求和潘杰义，2008）、校企合作创新模式选择的模型（公艳等，2009），分析了信息不对称对校企合作创新效率和校企合作创新机制设计的影响（吴清华和王平心，2008；张奇等，2009；皮星等，2010）；梁招娣和陈小平（2015）在考虑投入、风险、贡献、溢出效应等因素的基础上，通过建立多维度 Nash 协商模型，改进了校企合作创新联盟成员利益的公平合理分配，进一步提高了校企合作联盟成员的合作满意度；刘克寅等（2015）基于博弈论和匹配理论构建了两阶段校企合作创新模型，模型分析表明，校企合作创新的成功依赖企业与高校的较高水平的设备投资和研发努力，但若第一阶段存在合作分离，第二阶段又难以找到相匹配的合作伙伴时，会阻碍校企合作创新的发展；刘和东和谢婷（2016）则建立了技术许可模式的校企合作利益分配博弈模型，通过对模型的分析，他们发现，企业的最优分配比例与高校的技术开发能力成反比、与企业的商业化能力成正比，而高校的最优分配比例与企业的商业化能力成反比、与高校的技术开发能力成正比。

一些学者结合我国校企合作创新实践，实证研究了促进校企合作创新的影响因素。王艳丽和薛耀文（2010）基于山西省 117 家企业问卷调研数据，从企业视角研究了校企合作创新效果的关键影响因素，他们认为，合作项目、合作积极性、转化技术的人才设备和资金、高校的科研能力与校企合作创新频率正相关；孙建辉等（2011）通过成都飞机工业集团公司和哈尔滨工业大学的合作研发案例研究认为，合作模式、信任机制、利益分享、风险共担是校企合作创新中需要特别重视的问题。王文亮等（2013）基于河南省 80 家参与校企合作的企业的调研数据证明，校企合作创新中的技术机制、学习机制、知识产权机制、激励机制正向影响知识集成绩效；曹达华等（2013）基于 216 家广东企业的问卷调查数据证实，合作正式化是企业潜在吸收能力与校企合作创新绩效之间关系的中介变量、信息交换是企业实际吸收能力与校企合作创新绩效之间关系的中介变量；封伟毅和张肃（2017）则运用中国高技术产业的统计数据（2006 ~ 2015 年）研究发现，高校研发对企业创新绩效的贡献大于企业内部研发的贡献，高校研发人员的贡献大于企业研发人员的贡献。

总体来看，国内外有关校企合作创新的研究文献相当丰富，相对而言，国内这方面的研究还缺乏系统性，对校企合作创新机理的研究有待深入。目前，国内的校企合作创新研究重点关注模式化研究，学者们主要从合作创新理论、博弈论、知识管理等视角来探索不同合作模式下的校企合作创新的内在机理及影响因素，基于数理模型、思辨、宏观方面的理论研究较多，基于校企合作创新案例、问卷访谈等方面的实证研究较少。

1.1.3 现有研究的不足与问题的提出

综合现有研究成果，我们认为现有研究存在以下不足：

在冗余资源研究领域，国内外的相关研究集中在组织内部，对冗余资源的外部利用方面的研究关注不够。目前，国内外的相关研究大都基于各不同国家的企业实际，深入研究“企业不同类型冗余资源及结构对企业财务绩效、创新绩效的影响，企业冗余资源对组织能力、企业管理与企业创新或财务绩效之间的关系的影响机理，企业管理情景因素对企业冗余资源与企业创新或财务绩效之间关系的影响机理”，这些研究集中关注企业冗余资源的内部开发利用，通过提高企业经营管理水平，独立将企业冗余资源转化为企业的创新产出，很少关注企业冗余资源的外部利用方面的研究，尤其缺乏校企合作开发利用企业冗余资源方面的研究。

在校企合作创新研究领域，尽管国内外相关研究成果丰富，但还存在一些不足，例如，现有研究的一个核心观点是：获取互补性资源是校企合作创新的根本动因，但它不能解释同样缺乏一些关键资源的企业、高校，为什么不热心校企合作创新？也不能解释一些拥有同样多资源的企业、高校，为什么校企合作创新贫乏？

基于冗余的观点，冗余资源是企业发展的重要驱动器（Penrose，1959；Mishina et al，2004），因为企业存在一些冗余资源，若企业的这些冗余资源不能够独立支持企业开发完成创新机会时，就寻求校企合作创新来共同开发。由此可见，企业冗余资源促进了校企合作创新的形成和发展，校企合作创新反过来又促进了企业冗余资源的外部利用，而现有研究对此缺乏关注，因此，本书提出研究“企业冗余资源与校企合作创新的关系”，试图在这一研究领域进行有益的探索。

1.2 研究目的与意义

1.2.1 研究目的

基于资源冗余观，企业冗余资源驱使企业通过创新寻求发展，因而冗余资源才是校企合作创新的资源基础。本书采取理论研究和实证分析相结合的方法，研究企业冗余资源与校企合作创新的关系，构建企业不同类型的冗余资源与校企合作创新的形成和发展之间关系的基本框架，主要目的在于：探索企业不同类型的冗余资源与校企合作创新驱动力、合作伙伴选择、合作创新模式、合作创新稳定性、合作创新绩效的内在联系的本质特征，揭示企业不同类型组织能力对不同类型的冗余资源与校企合作创新之间关系的影响方式和影响效果。

1.2.2 研究意义

党的十八大报告指出，要实施创新驱动发展战略，着力构建以企业为主体、市场为导向、产学研相结合的技术创新体系。本研究本着深入贯彻十八大报告这一纲领性文件精神，从新的视角对企业冗余资源、校企合作创新理论做进一步的深入研究，以为提高我国企业冗余资源的开发利用水平，增强我国企业校企合作创新的动力，促进产学研协同创新，提供理论支持。因此，本书对促进我国产学研合作的形成和发展，加快建设以企业为主体、产学研相结合的技术创新体系，具有非常重要的理论意义和现实意义。

本书的理论价值在于，首次基于冗余观视角研究校企合作创新，弥补了以往的资源互补理论视角研究的不足，会对校企合作创新的合作机理获得更深入的刻画；在冗余研究领域，国内外相关研究集中在组织内部，本书将冗余研究拓展到组织外部，重点关注冗余对组织间合作的影响，是一项开创性的研究工作，可以填补此领域的研究空白。

本书的应用价值在于，紧扣我国经济发展的重大问题，具有很强的现实意义，有利于破解我国校企合作创新动力不足问题，促进校企合作创新的快速发展；有利于促进校企合作创新绩效的提升；有利于企业充分开发和利用冗余资源支持企业的创新和发展。

1.3 研究思路与主要内容

1.3.1 研究思路与方法

1.3.1.1 研究思路

针对如何促进校企合作创新形成和发展的实际问题和目前理论研究的不足，本书结合资源冗余观、合作创新、组织能力等相关理论，以实证研究为主，通过多种研究方法的有机结合，分析企业不同冗余资源的来源和特征，研究不同类型冗余资源及其冗余程度对校企合作创新的影响，在此基础上，探索组织能力对企业冗余资源与校企合作创新之间关系的调节机理。

1.3.1.2 研究方法

本书采用理论研究与实证分析相结合的方法，为保证研究成果具有较强的针对性和适应性，我们将采取重点调查与面上调查相结合的方法，针对不同的问题，选择不同的目标对象进行深入调查。第一，对国内外的相关文献进行比较研究，归纳出主要研究者的分析框架、理论基础、研究假设、实证方法和相关研究结果，并参考它们来设计本研究的实证研究方案。第二，通过档案资料查阅和深度访谈进行典型案例的调查，基于案例调查的分析来设计调查问卷，收集相关影响因素的数据。第三，根据调查问卷建立大样本数据库，采用 SPSS 20.0 软件包分析和检验本研究各项理论假设，确立不同类型的冗余资源、不同类型的组织能力与校企合作创新之间的关系，并采用被学术界广为接受的检验要素调节作用的方法，具体地检验不同类型的组织能力对冗余资源与校企合作创新之间关系的影响程度，从而正确揭示其调节机理。

1.3.2 研究的主要内容

本书将主要从企业冗余资源对校企合作创新形成的影响、企业冗余资源对校企合作创新合作效果的影响、组织能力对企业冗余资源与校企合作创新之间关系的调节机理等三个方面来深入研究企业冗余资源与校企合作创新之间的关系，主要研究内容如下：

第 1 章是绪论。介绍企业冗余资源、校企合作创新的研究进展、问题提出，研究目的和意义，研究思路、主要研究内容与主要创新点。

第 2 章是理论评述。主要对企业冗余资源的定义与分类及作用、企业冗余资源与创新之间的线性关系和非线性关系、企业不同类型冗余资源与创新之间的关系、企业情景因素对企业冗余资源与技术创新之间的关系的影响、校企合作创新动力机制、校企合作创新伙伴选择、校企合作创新模式、促进校企合作创新效果的影响因素等的相关研究进行理论评述，通过梳理前人的研究成果，为提出本书的理论假设奠定理论基础。

第3章是理论假设。在对本书研究关键术语的界定的基础上，研究了不同类型冗余资源对校企合作创新驱动力的影响、不同类型冗余资源对校企合作创新合作伙伴选择的影响、不同类型冗余资源对校企合作创新合作模式选择的影响、不同类型冗余资源对校企合作创新合作稳定性的影响、不同类型冗余资源对校企合作创新绩效的影响、组织能力与校企合作创新之间关系、知识吸收能力对企业冗余资源与校企合作创新驱动力之间关系的调节机理、知识吸收能力对企业冗余资源与校企合作创新绩效之间关系的调节机理、技术创新能力对企业冗余资源与校企合作创新绩效之间关系的调节机理，提出了37个研究假设。

第4章是研究方法。主要介绍样本与数据收集、自变量（物质冗余、人力资源冗余、财务冗余、技术冗余）测度、因变量（校企合作创新驱动力、校企合作创新稳定性、校企合作创新绩效、看重合作高校技术、看重合作高校专家）测度、调节变量（知识吸收能力、技术创新能力）测度、控制变量（企业规模、顾客环境、技术环境、竞争环境）测度、逻辑回归因变量（技术交易模式、合作研发模式）测度、因子分析与信度及效度检验方法、自变量、调节变量、因变量之间内在关系检验方法。

第5章是实证分析。在对收集的调研数据进行统计分析的基础上，对因子分析、信度和效度进行检验，对37个研究假设进行检验。

第6章是研究结果讨论。总结研究结果、实践意义、研究结论。

本书的逻辑结构，如图1－1所示。

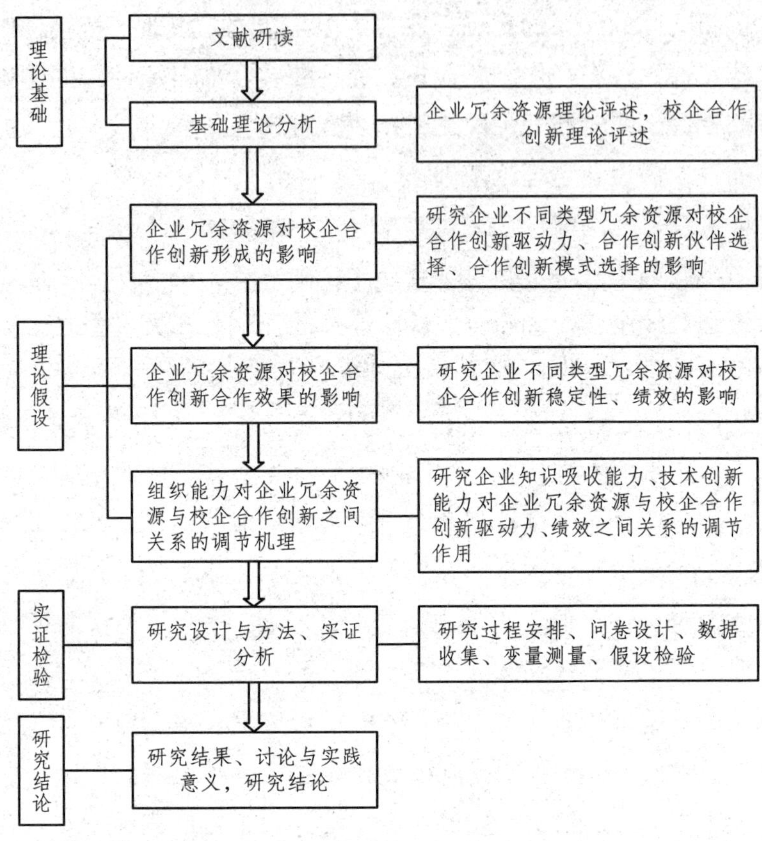

图 1-1　本书的逻辑结构

1.4　研究特色与创新点

1.4.1　研究特色

本书首次基于资源冗余观视角研究校企合作创新，研究提出了基于资源冗余观的校企合作创新理论框架，是对校企合作创新理论研究范式的一种新探索，丰富了校企合作创新理论。

1.4.2　主要创新点

（1）提出了企业冗余资源与校企合作创新驱动力之间的正相关模型。研究分析了企业不同类型的冗余资源对校企合作创新驱动力的影响，并基于中国制造业调研数据证实，企业物质冗余、人力资源冗余、技术冗余均与校企合作创新驱动力显著正相关。

（2）提出了企业冗余资源与校企合作创新稳定性之间的正相关模型。研究分析了企业不同类型的冗余资源对校企合作创新稳定性的影响，并基于中国制造业调研数据证实，企业人力资源冗余、技术冗余均与校企合作创新稳定性显著正相关。

（3）提出了企业冗余资源与校企合作创新绩效之间的正相关模型。研究分析了企业不同类型的冗余资源对校企合作创新绩效的影响，并基于中国制造业调研数据证实，企业人力资源冗余、财务冗余、技术冗余均与校企合作创新绩效显著正相关。

（4）提出了企业冗余资源、知识吸收能力、校企合作创新驱动力之间的相互作用机理模型。研究分析了企业知识吸收能力对企业冗余资源与校企合作创新驱动力之间关系的调节机理，并基于中国制造业调研数据证实，企业知识吸收能力对企业物质冗余、人力资源冗余与校企合作创新驱动力之间的关系均具有显著的正向调节作用。

（5）提出了企业冗余资源、组织能力、校企合作创新绩效之间的相互作用机理模型。研究分析了企业知识吸收能力、技术创新能力对企业冗余资源与校企合作创新绩效之间关系的调节机理，并基于中国制造业调研数据证实，企业知识吸收能力对人力资源冗余、技术冗余与校企合作创新绩效之间的关系均具有显著的正向调节作用；企业技术创新能力对财务冗余与校企合作创新绩效之间的关系均具有显著的正向调节作用，对物质冗余、人力资源冗余与校企合作创新绩效之间的关系均具有显著的负向调节作用。

（6）提出了企业冗余资源影响校企合作创新伙伴选择、合作创新模式选择的观点。研究分析了企业冗余资源对校企合作创新伙伴选择、合作创新模式选择的影响机理，并基于中国制造业调研数据证实，人力资源冗余多的企业在选择合作高校时，更看重合作高校的技术；技术冗余多的企业在选择合作高校时，同等看重合作高校技术和合作高校专家；物质冗余多的企业会优先考虑合作研发模式，人力资源冗余多的企业、财务冗余多的企业、技术冗余多的企业会优先考虑技术交易模式。

第 2 章
理论评述

2.1　企业冗余资源与技术创新

自 Barnard（1938）首次提到组织冗余以来，冗余与创新一直是组织理论和战略管理相关文献中的研究重点（Geiger & Cashon, 2002；Geiger & Makri，2006），本书将从企业冗余资源的内涵、企业冗余资源与技术创新的关系、企业情景因素对冗余资源与技术创新之间关系的影响等三个方面来对这些相关研究理论进行评述。

2.1.1　企业冗余资源的内涵

2.1.1.1　冗余资源的定义

冗余资源最初被认为是超出实际需要而保存在组织内部并被个人或小团体控制的资源（Cyert & March，1963；方润生和龚毅，2003），也即超过要完成的指定任务所需最低限量资源的多余资源（Cyert & March，1963；钟和平，2009）。不同时期的学者结合自己研究的需要，基于不同视角对冗余资源的概念进行了界定，代表性的冗余资源的定义见表 2－1。

表 2－1　　相关研究对冗余的定义

相关研究者	冗余资源的基本定义
Cyert 和 March（1963）	组织可获得的资源与维持组织实际所需的资源之间的差额
Bourgeois（1981）	冗余资源是超过企业现有业务正常运营效率所需的过剩资源，它能够使企业成功应对企业内部变革、外部政策变化、为适应企业外部环境变化而进行的战略变革与调整所带来的压力
Nohria 和 Gulati（1996）	组织在生产一种给定水平的产出时，超出最低必须的投入所产生的资源存积，它包括多余的人员、未利用的产能和不必要的资本费用等超额的投入，同时也包括未开发的、能增加产出的各种机会，例如，可能从顾客获得的利润以及通过接近技术边界的一些创新所获得的回报
Greenley 和 Oktemgil（1998）	没有被公司优化利用的、有利于公司应对环境变化的资源
Mishina 等（2004）	公司现有的实际资源数量与现实业务实际需要的数量之间差额（动态量）
George（2005）	冗余是组织的一种可利用的潜在资源，它能够转化和利用以实现组织的目标。冗余是暂时的、相对的
Geiger 和 Makri（2006）	组织可获得的、超出给定水平产出量所需最小投入部分的资源和已经进入组织流程之中，但可以重新利用的资源
Simsek 等（2007）	管理者自由支配的超过公司现实业务实际需要的过剩资源

资料来源：根据原文献和相关文献（钟和平，2009）整理所得。

总之，目前的研究文献主要界定了冗余资源的三个方面：第一，冗余资源在概念上被定义为未能充分利用的资源，即超过企业现有业务正常运营效率所需的多余资源，是冗余资源的本质含义；第二，冗余资源的特性包括形态位置，例如，已吸收对比未吸收（Singh，1986）和可达性，例如，立即对比延迟（Daniel，Lohrke，Fornaciari & Turner，2004）；第三，冗余资源的两个主要目的是充当对付威胁的缓冲机制和作为利用机会的促进者，例如，Bourgeois（1981）的定义（Lin et al，2009）。

2.1.1.2 冗余资源的分类

不同时期的研究者从不同的角度对冗余资源进行了分类，在目前的研究文献里，应用较广泛的冗余分类主要有：Bourgeois 和 Singh（1983）按照冗余资源的可获得性将冗余资源划分为三种类型：可利用冗余（available slack）、可恢复冗余（recoverable slack）及潜在冗余（potential slack）；Singh（1986）根据冗余资源在组织里的存在状态，将冗余资源划分为已吸收冗余（absorbed slack）及未吸收冗余（unabsorbed slack）；Sharfman 等（1988）依据冗余资源被组织管理者识别和利用的难易程度将冗余资源划分为低自由配置冗余（low-discretion slack）及高自由配置冗余（high-discretion slack）。上述三种冗余资源分类在本质上可以归为两类，即容易配置利用的冗余资源（可利用冗余；未吸收冗余；高自由配置冗余）、难以配置利用的冗余资源（可恢复冗余；潜在冗余；已吸收冗余；低自由配置冗余），这些冗余资源分类的共同点都侧重于关注资源总体特性，不同点在于冗余资源开发利用的难易程度与时间先后（钟和平，2015），由于这些分类的冗余可以利用企业已公布的财务数据来测量，因而被许多学者应用于上市公司冗余资源的研究（钟和平，2009）。

其他一些冗余分类方法在文献中也有所体现（方润生和王长

林，2008），例如，短期冗余和长期冗余（Nohria & Gulati，1996）；暂时性冗余（Geiger，2005）；组合冗余和分散冗余（方润生，2003）。更常见的是基于企业具体的资源形态进行的冗余分类，例如，物质资源冗余（简称物质冗余）、人力资源冗余、财务资源冗余（简称财务冗余）（钟和平，2009）、关系资源冗余（方润生等，2009）、技术冗余（巩杰和李金生，2012），由于这种分类方法直接与企业生产经营过程相联系，更有利于企业管理者对冗余资源的开发利用，但在冗余资源测度方面存在一定困难。学者们对冗余资源分类的相关论述见表2－2。

表2－2　相关研究对冗余资源的分类

分类标准	冗余资源类型	不同类型冗余资源的基本定义	不同类型冗余资源举例
冗余资源的可获得性	可利用冗余（available slack）	那些没有被吸收到组织系统设计中的资源（Bourgeois & Singh，1983），即那些没有被配置到具体业务活动中的可以利用的资源（钟和平，2009）	过剩的流动性（Bourgeois & Singh，1983），超额的流动资产或负债，创新基金，给股东增发的红利（钟和平，2009）
	可恢复冗余（recoverable slack）	那些已经被吸收到组织系统设计中的超额成本的、但在不利时可以通过组织的重新设计恢复到正常成本的资源（Bourgeois & Singh，1983）；即那些已经被吸收到组织系统中，运行成本较高，但可以通过提高效率恢复到正常成本的资源（钟和平，2009）	超额的费用（Bourgeois & Singh，1983）

续表

分类标准	冗余资源类型	不同类型冗余资源的基本定义	不同类型冗余资源举例
冗余资源的可获得性	潜在冗余（potential slack）	通过筹集额外债务或股本，从环境中获得额外资源的组织能力（Bourgeois & Singh，1983）；代表了组织产生资源的未来潜力（钟和平，2009）	未使用的借贷能力（Laffranchini & Braun，2014）
冗余资源在组织的存在状态	未吸收冗余（unabsorbed slack）	相当于组织中的多余的自由流动资源（Singh，1986）；目前未配置到具体任务的、易于重新配置的、可以识别的组织资源（Lee & Wu，2015）	留存收益、可自由支配的资金和债务融资支持（Tan & Peng，2003；Voss et al，2008），多余的自由流动资金（Lee & Wu，2015）
	已吸收冗余（absorbed slack）	相当于组织中的超额成本（Singh，1986）；嵌入在一个公司现有流程里的、难以重新配置的资源（Lee & Wu，2015）	未充分利用的设备和仪器、过剩的产能（Chen & Huang，2009）；多余的人力资源、管理费用、客户资源、公司声誉及其他行政费用（Lee & Wu，2015）
冗余资源被管理者配置的难易程度	高自由配置冗余（high-discretion slack）	资源配置的自由度较高的冗余资源，即有更广泛的用途、能让经理有更多选择的冗余资源（Sharfman et al，1988；钟和平，2009）	现金、现金等价物、信用额度、库存原料、不熟练劳动力、高柔性设备（Sharfman et al，1988；钟和平，2009）
	低自由配置冗余（low-discretion slack）	资源配置的自由度较低的冗余资源，即用于少数场合的专用性强的冗余资源（Sharfman et al，1988；钟和平，2009）	存货（半成品、成品）、熟练劳动力、低柔性设备（Sharfman et al，1988；钟和平，2009）

续表

分类标准	冗余资源类型	不同类型冗余资源的基本定义	不同类型冗余资源举例
冗余资源的可识别性	物资冗余	企业在生产一种给定水平的产出时，超出当时最低必需的物质资源的投入所产生的资源存积（钟和平，2009）	未使用的或未能充分使用的厂房、机器设备，多余的或废弃的各种原材料、不合格的或废弃的产成品、过多的存货等（钟和平，2009）
	人力资源冗余	超过满足现有生产经营所必须的人力资源的多余人力资源（Poynter & White，1985）	未发挥出应有价值的新进技术人员、没有充分发挥应有价值的在岗员工、不适应企业发展需要的科研人员、应用新的信息技术和手段后不再需要的人员（巩杰和李金生，2012）
	财务冗余	超过企业现有运营和债务需要的流动资金和无风险的借贷能力，它可以使企业自由追逐具有正的净现值NPV的投资机会，不用担心风险安全问题（Smith & Kim，1994；钟和平等，2008）；实质上是超过现有业务实际经营需要的过剩的财务资源（Mishina et al，2004；钟和平等，2008）	企业内部具有流动性的财务留存、预留的负债能力，如企业从银行获得的授信额度（毕晓方和姜宝强，2012）；富余的现金、富余的筹集资金能力（钟和平等，2008；钟和平，2015）
	关系资源冗余	企业建立和维持的，但未能有效执行的组织内部的各种制度，以及未能充分利用的个人与组织、组织与组织、组织与外界环境之间的正式与非正式的关系（方润生等，2009）	未充分利用的与政府相关部门、金融机构、社会中介机构建立的个人关系（方润生等，2009）

续表

分类标准	冗余资源类型	不同类型冗余资源的基本定义	不同类型冗余资源举例
冗余资源的可识别性	技术冗余	企业研发或购买的，但因超出企业现实需要而未发挥其内在价值的技术资源（巩杰和李金生，2012）	落后的原有技术、与企业的实际经营活动不匹配或企业没有合适的技术人员能够使用和操作的购买的新技术（巩杰和李金生，2012）

2.1.1.3 冗余资源的作用

组织行为理论认为，冗余资源是企业行为的基本驱动力之一。冗余资源可以作为促进组织成员留在本组织的一种工具和诱因，代表了组织额外支付给组织成员的部分报酬（Barnard，1938；Cyert & March，1963；March & Simon，1958；Tan & Peng，2003；钟和平，2009）；冗余资源可以用来解决因资源不足引起的各种各样冲突（Pondy，1967；Bourgeois & Singh，1983；钟和平，2009）；冗余资源可以作为技术缓冲器，使组织技术核心免受环境不确定性引起的变化和中断（Galbraith，1973；Thompson，1967）；冗余资源可以作为战略或创新行为的助推器，提供一个令人满意的行为的机会，改进了组织政治权力行为（Riahi - Belkaoui，1998）。特别是当企业处于快速变化环境和衰退困境中时，冗余资源对企业的生存与发展的积极作用特别明显（冉敏，2007；钟和平，2009）。因此，行为理论认为，冗余资源不仅能减缓动荡环境的冲击，保持组织内部和谐，而且还是重要的促进组织创新和变革的催化剂（方润生，2003，2004；钟和平，2009）。

另外一些学者虽然也承认冗余资源的积极作用，但强调冗余资源的副作用，他们主要依赖代理理论来证明冗余资源的存在反映了管理者的浪费、懒惰、无能和利己主义（Jensen & Meckling，1976；Jensen，1986；Phan & Hill，1995）。冗余资源导致管理者规避风险，因为管理人员承担公司整体风险的后果（Bowman，1982；Jensen，1986；Leibenstein，1969），首先，冗余资源会鼓励他们以企业绩效为代价，追求低风险的战略选择；其次，冗余资源也被认为诱导管理者的满意的行为（Simon，1957），管理者可能仅仅解决的是“足够好”策略（管理者认为目前足够好）；再次，冗余资源也可能导致管理者错位的内部结构与外部环境（Child，1972；Litschert & Bonham，1978；Yasai – Ardekani，1986），也就是说，尽管冗余资源可能确实给管理者的实验提供了一个安全网，但他们的战略错误可能比错误很少或根本没有错误的时间要长得多；最后，冗余资源导致管理者的自私行为，管理者可能会将冗余资源转向过度的多元化经营项目（Merino and Rodríguez，1997）和企业帝国的建立（Jensen & Meckling，1976），从而使他们能够实现更高的报酬和增加工作安全感（Eisenhardt，1989）。从本质上来说，代理理论把企业看作是委托人和代理人之间契约的纽带，从委托人的角度出发，代理理论认为，冗余资源是代理问题的一个来源，孵化了无效率的产生（陈龙波等，2007；Leibenstein，1969），因而，企业应重视冗余资源的负面影响，减少代理问题（Phan & Hill，1995；钟和平，2009）。

2.1.2 企业冗余资源与技术创新之间的关系

2.1.2.1 企业冗余资源与技术创新之间的线性关系和非线性关系

冗余资源为企业创新提供了资源，使企业管理者放松控制，允许追求更多的创新项目，因为它使企业从这些项目的不确定成功中得到缓冲，从而培养了一种实验文化（Bourgeois，1981）；冗余资源使企业更加安全地试验新战略，如引进新产品和进入新兴市场(Hambrick & Snow，1977)，因为在企业困难时期，这样的项目可能会被取消；此外，冗余资源促进了风险项目的追求，这些项目有时会产生意想不到的有利于公司的积极结果（Nelson & Winter，1982)，许多实证研究表明，冗余资源作为影响企业创新的一个变量，对企业创新产生了积极的促进作用（Majumdar & Venkataraman，1993；Zajac et al，1991；Damanpour，1987)，因而企业冗余资源与技术创新正相关。

代理理论认为，冗余资源也被认为对企业创新有负面影响（Child，1972；Leibenstein，1969；Palmer & Wiseman，1999；Williamson，1964)，管理者可以利用冗余资源支持诸如产品或市场多元化之类的低风险活动，从而减少了创新和实验等活动（Denis，Denis & Sarin，1999；Jensen，1986)。企业管理者并不总是积极去追求公司的最佳利益，他们可能会利用冗余资源来最大化自己的个人财富或追求自己的个人利益（Jensen，1986)。Jensen（1986）认为那些有大量冗余资源的公司常常将冗余资源投资于可疑的项目，例如，“面子研发项目”或“无关并购”，降低了企业创新绩效，因而企业冗余资源与技术创新负相关。

行为理论认为，冗余资源有利于企业创新，而代理理论认为冗余资源对企业创新有负面影响，为了协调这两种观点，一些学者预期企业冗余资源与创新的关系可能是非线性关系（Bourgeois，1981)。Nohria和Gulati（1996）认为，企业的冗余资源应该有一个最优水平，最优范围内的冗余资源与企业创新正相关，但当冗余资源超过最优水平后，冗余资源与企业创新负相关，因此，企业冗余资源与技术创新之间存在倒U形关系，随后，他们基于两个跨国公司的264个职能部门的调查问卷数据证实了这一倒U形关系（Nohria & Gulati，1996，1997)。

郭立新和陈传明（2010）则预期中国企业的冗余资源与技术创新之间的关系是U形关系，他们基于500家中国制造业上市公司面板数据的实证研究表明，当企业的冗余资源低于触发企业技术创新活动的最少资源需求量时，不能触发企业的技术创新活动，企业较少的冗余资源不易被企业管理者识别，企业管理者想办法增加冗余资源的努力，加剧了企业可用的创新资源的减少，并增加了创新资源不足引起的内部冲突，不利于企业的技术创新；而当冗余资源高于触发企业技术创新活动的最少资源需求量时，企业管理者在追求工作成就感的动机的驱使下，积极利用冗余资源支持创新，充足的冗余资源保证了企业技术创新活动的资源供给，使一些高风险高收益的创新项目的实施变得可行，而且一些探索性技术创新活动也多了起来，促进了企业的技术创新。因此，冗余资源与技术创新之间存在U形关系，较低的冗余资源与技术创新负相关，较多的冗余资源与技术创新正相关。

2.1.2.2 企业不同类型冗余资源与技术创新之间的关系

不同类型的冗余资源对企业创新会产生不同的影响，Geiger和Cashen（2002）基于250家上市公司（财富500强公司）的十年数据证明，可利用冗余、可恢复冗余与企业创新之间存在倒U形关系，潜在冗余与企业创新正相关。可利用冗余是已存在的可以使用的创新资源，很容易被企业经理配置到企业创新活动里（Bourgeois，1981；Nohria & Gulati，1996），可利用冗余的存在促使企业经理追逐前景好的项目，增加了企业创新产出；但当可利用冗余超过一定水平后，企业放松了对选择、支持、终止创新项目的控制（Leibenstein，1969），可利用冗余使企业对环境的变化反应迟钝（Cheng & Kesner，1997），过多的可利用冗余使得一些次优的创新项目被采纳，降低了创新绩效，因而，可利用冗余与企业创新之间存在倒U形关系（Geiger & Cashen，2002）。可恢复冗余是已进入企业流程的超额成本费用，当遇到财务困难时可以恢复，显然，这类冗余资源有助于让公司开展更多的创新活动（Nohria & Gulati，1996），但是，它与可利用冗余一样，超过一定水平后，就会放松创新项目的控制，产生非规范的资源配置，降低了创新绩效（Nohria & Gulati，1996），因而可恢复冗余与企业创新之间存在倒U形关系（Geiger & Cashen，2002）。潜在冗余代表了企业筹集所需资源的借贷能力，较多的潜在冗余促进了实验和产品创新，而不用担心研发风险和短期绩效问题，与可利用冗余、可恢复冗余不同，潜在冗余的增加不会降低企业创新，这是因为企业只能达到潜在冗余的最大水平（零负债），另外，潜在冗余并非现实资源，很难想象随着潜在冗余的增加，发生不受控制的实验，因而，潜在冗余与企业创新正相关（Geiger & Cashen，2002）。

李妹和高山行（2011）基于中国企业的实证研究发现，未吸收冗余与企业自主创新正相关。他们认为，未吸收冗余较多的企业不仅为企业自主创新活动提供了大量的创新资源，而且还可以从外部市场获得企业所需的其他创新资源，较多的未吸收冗余使企业更有能力开发一些有重大前景的创新项目，由于转型期的中国企业在市场中获取创新资源困难，未吸收冗余已成为企业宝贵的、难以模仿的资源，对企业创新的负面影响不大，因此，未吸收冗余促进了企业自主创新（李妹和高山行，2011）。王亚妮和程新生（2014）证明，当已吸收冗余较少时，企业难以立即搜寻到这些冗余资源，资源的限制使企业将已吸收冗余更多地应用于提高生产效率、改善短期绩效，而非创新；而当已吸收冗余较多时，企业能够轻而易举地搜寻到这些冗余资源，从而可以支持更多的企业创新项目，因此，企业已吸收冗余与企业创新之间存在U形关系（王亚妮和程新生，2014）。

钟和平等（2009）深入研究了人力资源冗余对技术创新的影

响，他们发现，当企业的人力资源冗余太少时，企业知识积累很少，难以创新（傅家骥，2005），企业经理人员认为要加大对人力资源冗余的投入，增加知识积累，这样成本增加，创新产出却难以增加，故太少的人力资源冗余负向影响企业创新；当企业的人力资源冗余适度时，企业具备了开展技术创新的人力资源条件，积极开发和利用企业的人力资源冗余大力支持创新，不断提高创新绩效，故适度的人力资源冗余正向影响企业创新；当企业的人力资源冗余太多时，因缺乏与太多的人力资源冗余相匹配的物质资源共同支撑企业的技术创新活动，造成内耗严重、创新成本增加（Bourgeois & Singh，1983），同时，还使一些次优创新项目变得可行，降低了企业创新绩效（Nohria & Gulati，1996），故太多的人力资源冗余负向影响企业创新。因此，企业人力资源冗余与创新的关系呈倒 N 形（钟和平等，2009）。

财务冗余是重要的企业创新资源，钟和平（2015）基于中国企业的实证研究发现，财务冗余与技术创新之间存在 N 形关系，他认为，当财务冗余太少时，企业管理者更加关注技术创新效率，尽量选择那些投入小、见效快、前景好的创新项目，并加强对创新过程的管理与控制，努力提高创新绩效，故太少的财务冗余与技术创新正相关（钟和平，2015）；当财务冗余适度时，企业管理者认为企业运营良好，从而维持现状、保持稳定（蒋春燕和赵曙明，2004），也就缺乏对风险较高的技术创新项目提供积极支持的动力，企业管理者还可能将财务冗余应用于追逐自己的利益（Jensen，1986），不会努力寻找前瞻性创新机会和加强创新管理（Miller & Leiblein，1996），甚至选择了一些不合适的创新项目（Nohria & Gulati，1996），降低了技术创新绩效，故适度的财务冗余与技术创新负相关（钟和平，2015）；当财务冗余太多时，企业管理者有足够的资源选择更多更好的技术创新项目或机会，为更多重大企业创新项目的成功提供充足的资源保障（Patzelt et al，2008），足够的资源还可以使企业创造更加宽松的创新环境，促进全员创新，故太多的财务冗余与技术创新正相关（钟和平，2015）。因此，财务冗余与技术创新之间存在N形关系。

学者们有关企业冗余资源与技术创新的关系方面的代表性研究成果，见表2-3。

表2-3　企业冗余资源与技术创新的关系

关系	研究者及结论	冗余资源指标	创新绩效指标
线性关系	Geiger和Cashen（2002）正相关	潜在冗余（债务资本比率）	研发费用/销售额
	李妹和高山行（2011）正相关	未吸收冗余（问卷调查，主观评估“足够的盈利余额、足够的资金储备、很容易获得贷款”）	自主创新（问卷调查，主观评估“独立实现核心技术上的突破、形成新的技术体系、创造新的技术或产品、开展无外部组织参与的创新活动、拥有高数量的发明或专利”）
	方润生（2003）正相关	分散冗余（问卷调查，主观评估“足够的盈利余额、足够的资金储备、很容易获得贷款”） 组合冗余（问卷调查，主观评估“引进的先进技术、引进的先进设备、引进的先进管理方法、现有的技术与设备和设施”）	产品创新（问卷调查，主观评估“增加产品的种类、改进产品的质量、新产品市场化”） 过程创新（问卷调查，主观评估“在现有技术上经常改进提高、经常更新生产设备、经常更新工艺流、经常引入新的管理控制系统、经常精简机构、简化工作程序”）

续表

关系	研究者及结论	冗余资源指标	创新绩效指标
U形关系	郭立新和陈传明(2010)	流动比率（流动资产/流动负债）、资产负债率（所有者权益/负债总额）、费用收入比率=(营业费用+管理费用+财务费用)/销售收入	上市公司主营产品销售收入年增长率、产品销售毛利率年增长率
	王亚妮和程新生(2014)	沉淀性冗余资源（企业管理费用/销售收入）	企业当年产品创新、工艺创新、管理创新等创新项目数量总和的自然对数，企业当年申请的发明型专利、实用新型专利及外观型专利总和的自然对数
倒U形关系	Nohria和Gulati(1996)	问卷调查，主观评估“部门工作的所有人的10%的时间都花在与部门的任务和职责完全无关的工作上、部门的年度经营预算减少10%等对部门来年工作的影响程度”	问卷调查，主观评估“部门创新成果的数量和经济影响”
	Geiger和Cashen(2002)	可利用冗余（速动比率） 可恢复冗余（管理费用/销售额）	研发费用/销售额
	Herold等(2006)	可利用冗余（速动比率）	专利引用
N形关系	钟和平(2015)	财务冗余（问卷调查，主观评估“资金的供给很充分、足够的现金储备、及时筹集必要的资金”）	问卷调查，主观评估“新产品的数量、新产品的市场占有率、开发新产品的周期、全新产品或有重大改进的产品创新”

续表

关系	研究者及结论	冗余资源指标	创新绩效指标
倒N形关系	钟和平（2009）	人力资源冗余（问卷调查，主观评估“员工素质的变化、管理者素质的变化、员工工作积极性的变化、管理效率的变化”）	问卷调查，主观评估“总的研发经费支出、新产品的数量、新产品的市场占有率”

2.1.3　企业情景因素对企业冗余资源与技术创新之间的关系的影响

不同的企业情景因素直接影响企业利用冗余资源进行创新的方式和效果（方润生，2003；钟和平，2009；王亚妮和程新生，2014；赵亚普和李立，2015）。企业所处环境的不确定性是重要的企业情境因素之一（李妹和高山行，2011；王亚妮和程新生，2014）。环境不确定性指企业未来市场、技术发展的不确定性，它包括市场不确定性和技术不确定性两个维度（MacCormack et al，2001；Bstieler，2005；Desarbo et al，2005）。李妹和高山行（2011）研究了环境不确定性对企业未吸收冗余与创新之间的关系的影响，他们的研究表明，当企业面临的环境不确定性很小时，顾客需求变化小，市场竞争不激烈，技术变化缓慢，这时，企业的首要目标是保质保量地完成生产，尽最大可能地满足现有顾客需要（Sharfman et al，1988），就不大可能积极利用企业的未吸收冗余进行创新；而企业面临的环境不确定性很大时，顾客需求快速变化，市场竞争激烈，产品技术生命周期不断缩短，企业唯有不断创新，才能保持竞争优势，这时，较多的未吸收冗余为企业的创新活动提供了充足的资源保障，加快了企业的创新进程，因而环境不确定性正向调节企业未吸收冗余与创新之间的关系（李妹和高山行，2011）。王亚妮和程新生（2014）则探讨了环境不确定性对企业已吸收冗余与创新之间的关系的影响，他们的研究表明，在企业面临的环境不确定性较高的情况下，当企业的已吸收冗余较少时，企业管理者可能会谨慎对待创新，倾向于保持冗余、支持生产，从而减少了一些创新项目；而当企业的已吸收冗余较多时，较多的冗余资源为企业的创新提供了充足的资源保障，为了应对环境的不确定性，企业会积极利用已吸收冗余，加大创新投入力度，大力开展创新，不断增强企业的核心竞争力，保持企业的持续竞争优势，因而环境不确定性正向调节已吸收冗余与企业创新的关系（王亚妮和程新生，2014）。

企业家导向是导致企业新进入行为的进程、惯例和决策活动（Lumpkin & Dess，1996；李妹和高山行，2011），其典型特征是将识别、开发新的市场机会作为企业发展的首要目标（Shane & Venkataraman，2000；李妹和高山行，2011）。企业家导向是重要的企业情景因素，它代表了一种企业文化（李妹和高山行，2011），直接影响企业冗余资源的开发利用。李妹和高山行（2011）根据 Miller（1983）提出的企业家导向的三个维度（创新性、冒险性、先动性），探讨了企业家导向对未吸收冗余与企业自主创新的关系的调节作用，他们分析认为，由于未吸收冗余便于快捷使用，可为企业的技术创新活动提供良好的资源保障，因而，创新性较高的企业会投入大量的未吸收冗余支持企业的产品、工艺创新（Miller，1983）；先动性较高的企业会利用未吸收冗余去开发新的市场机会，获取新市场的先动优势（Miller，1983）；冒险性较高的企业会利用未吸收冗余重点支持一些重大技术创新项目，往往给企业带来巨大收益。因此，企业家导向正向调节了未吸收冗余与企业自主创新的关系（李妹和高山行，2011）。

企业跨界搜索能力是指跨越组织边界和知识基础进行的远距离

搜索外部知识的能力（Rosenkopf & Nerkar，2001；赵亚普和李立，2015）。根据搜寻的知识类型，企业跨界搜索能力可以分为市场搜索能力和技术搜索能力（Sidhu et al，2007；Sofka & Grimpe，2008；赵亚普和李立，2015）。企业跨界搜索能力是企业创新能力的重要组成部分，是重要的企业情景因素，直接影响企业如何利用冗余资源进行创新，因而能够对企业冗余资源与产品创新的关系产生调节作用（赵亚普和李立，2015）。一方面，跨界搜索能力强的企业为企业冗余资源的利用提供了较多的机会，而跨界搜索能力弱的企业，搜索外部创新机会和知识的能力较弱，会导致企业冗余资源无法开发利用，会使组织惰性增加（赵亚普和李立，2015）；另一方面，跨界搜索能力强的企业目光向外，通过搜寻外部知识，正确评估企业的竞争对手、市场趋势和企业未来的发展机会，客观认识自己企业的不足，增强企业危机意识，因而能够有效降低企业冗余资源带来的组织惰性，因此，企业跨界搜索能力积极调节企业冗余资源与产品创新之间的关系（赵亚普和李立，2015）。Troilo 等（2014）采用 Miles 和 Snow（1978）的战略原型类型（淘金者、捍卫者、分析者），分析了战略类型在冗余资源—跨界搜索—激进创新链之间关系的调节作用，他们的研究结果表明，自由冗余（未吸收冗余、可利用冗余）自由正向影响激进创新，跨界搜索活动是冗余资源和激进创新之间的中介变量，企业战略类型调节冗余资源和激进创新之间的正相关关系，勘探者战略的调节效应比分析者、防御者战略的调节效应弱（Troilo et al，2014）。

2.2 校企合作创新理论

校企合作创新是指高校和企业基于合作各方的共同利益，资源共享，优势互补，分工协作，共同完成一项技术创新活动的行为（李光红，2007）。校企合作创新是提高企业和高校技术创新水平和效率的必然选择（景临英等，2008）。本书将从校企合作创新动力机制、校企合作创新伙伴选择、校企合作创新模式、促进校企合作创新效果的影响因素等四个方面来对相关研究理论进行评述。考虑到科研院所和高校与企业合作创新的原理基本相同，因此，采用一些学者的做法，将涉及产学研合作、产学研结合的理论研究，也视为校企合作理论方面的研究（马艳秋，2009），特别是许多产学研合作、产学研结合的相关理论研究实质上研究的是校企合作创新理论，因此，该做法对校企合作创新理论评述不构成实质性影响。

2.2.1 校企合作创新动力机制

校企合作创新动力机制是指驱动校企合作创新形成与发展的各影响因素及其相互联系、相互作用的规则总和（贺璐，2013）。驱动校企合作创新的外部动力因素有市场的供需状况（祖廷勋等，2006）、科技（贺璐，2013）、政府的规则（祖廷勋等，2006），内部动力因素有经济利益、降低交易成本（祖廷勋等，2006），获得规模效益（祖廷勋等，2006）、资源依赖（任初明，2008）、创新资源、主体战略、技术知识积累、风险（贺璐，2013），本书认为，校企合作创新的最终目的是追求经济利益，校企合作创新驱动力主要来源于市场驱动、技术驱动、资源驱动等三个方面。

2.2.1.1 市场驱动

市场需求是校企合作创新的出发点和最终落脚点，未被满足的市场需求或潜在需求拉动企业通过技术创新，向市场提供源源不断的新产品以满足顾客需求，而当企业不能独立完成新产品的研发任务，就促使企业寻求校企合作创新，且新产品的生产对增强企业竞争力的作用越大，拉动校企合作创新的驱动力越大；企业为了在激烈的市场竞争中取得竞争优势和发展，就需要通过技术创新，以降低成本、产品替代、开发新市场，企业的这种需求越强烈，市场需求的拉力转化为校企合作创新的内在动力越强（丁堃，2000）。企业与高校合作创新是应对市场激烈竞争的需要（杨东林和孟波，2010），在知识经济时代，企业和高校只有进行校企合作创新，才能增强双方各自的核心竞争力，市场竞争是驱动校企合作创新的外部动力之一（李光红，2007；王昕红等，2007；李鑫伟，2013）。因此，市场需求的拉动力与市场竞争的推动力有力地驱动了校企合作创新的形成与发展。

2.2.1.2　技术驱动

科学技术的快速发展使得高校和企业面临的技术环境发生快速变化，若高校和企业的现有技术不能适应技术环境的变化，就会落后甚至淘汰，因而，高校和企业都需要通过技术创新来不断提高自身的技术水平，这样，为了降低风险，缩短技术创新周期，建立在优势互补基础上的校企合作创新就成为首选；随着校企合作创新的成功发展，产生了更多的新技术，反过来又进一步推动校企合作创新（贺璐，2013）。当代技术发展日益复杂多变，学科交叉融合特征越来越普遍，任何企业难以在某一特定的技术领域保持持久优势，特别是对于那些技术力量薄弱的中小企业，唯有与具有多学科优势的高校合作创新才能不断提高自身的技术创新能力（杨东林和孟波，2010）。而对于具有原始性创新技术成果的高校，为了实现其新技术的社会价值，唯有与企业合作创新才能快速将新技术成果推向市场（丁堃，2000）。

2.2.1.3　资源驱动

企业外部经营环境的变化和内部管理效率的变化导致企业在发

展过程中会出现资源的结构性过剩，这些多余的资源（即冗余资源）推动了企业的创新和发展（Penrose，1959）。贺璐（2013）认为，任何高校、企业的创新资源都是有限的，各创新主体的创新资源的结构大都呈不均衡分布，高校、企业在独立创新过程中往往会面临某些创新资源不足的困境，这就促使高校与企业合作创新，在创新资源结构方面实现优势互补，从而保证技术创新活动更高的成功率。校企合作创新过程实质上就是创新资源的优化配置过程，一方面，高校面临科技成果转化的难题，另一方面，企业缺乏足够的创新能力去追求超额利润，而校企合作创新能够实现优势互补，促进校企合作双方利益最大化，因而优势互补的创新资源促进了校企合作创新（李光红，2007）。高校是企业创新人才的重要来源，企业需要利用高校科技人才帮助解决企业生产经营中的技术难题，需要通过与高校的合作，引进和培养企业自己的技术开发队伍（杨东林和孟波，2010；王昕红等，2007；李鑫伟，2013）；另外，高校通过与企业合作创新，发现更有价值的研究课题，提高技术创新效率，实现高校的自我价值，同时通过与企业的合作创新，改进企业绩效，获取相应的研究经费支持，进而推动校企合作创新的不断发展（李鑫伟，2013）。

2.2.2 校企合作创新伙伴选择

资源共享、优势互补、分摊风险、长期稳定发展是企业选择合作创新伙伴的三个主要目的（杨建君、梅晓芳和陈曼，2009）。毕克新等（1997）基于多个校企合作案例，归纳出校企合作创新伙伴选择应遵循优势互补、共同目标、良好信誉等原则，这就要求高校或企业在进行校企合作创新伙伴选择前需要了解对方的优势资源和能力能否与自身的资源和能力形成互补，合作各方还需要通过协商达成共识、形成共同目标，要选择具有良好信誉的合作伙伴，以降低风险并保证校企合作创新的顺利发展。郜振廷和赵江娜（2007）指出，合适的校企合作创新伙伴应满足的基本条件是：高校具有合作企业所需要的技术、技能以及知识风险承担，并能促进合作企业的竞争能力的增强；企业具有足够的吸收能力消化吸收高校技术成果，具有较强的把握市场需求、及时将合作创新成果进行商业化的能力。

高校和企业要依据多指标评价体系选择合适的合作创新伙伴（张裕稳等，2015）。曹霞等（2013）针对校企合作创新伙伴的选择偏好和有限理性，应用相对熵理论和直觉模糊多属性决策理论，建立了校企合作创新伙伴选择的群决策模型；用动态直觉模糊加权几何算子（DIFWG）实现校企合作创新伙伴选择的“多时段”决策，用直觉模糊有序加权平均算子（IFOWA）实现校企合作创新伙伴选择的“群偏好”和“群决策”，用相对熵模型求评价对象的最优权重解并确定校企合作创新合作伙伴的排序，从而实现“满意”的校企合作创新伙伴选择。张裕稳等（2015）从创新能力的视角，选取高校、企业的创新基础能力、创新投入能力两大类指标，运用双边匹配方法，建立高校和企业合作创新匹配度矩阵，构建匹配模型，从而确定最佳匹配方案。曹霞和宋琪（2016）针对具有需求特性、优先级的校企合作创新伙伴选择问题，应用质量屋模型法（QFD）识别校企合作创新伙伴选择的主要指标，以此为依据建立“多阶段—多需求”的合作创新伙伴选择指标体系，改进多准则妥协解排序法（VIKOR），通过求群体效应最大、个体遗憾最小，实现校企合作创新伙伴选择排序。总之，校企合作创新伙伴选择评价是一个目标多、影响因素多、层次多、结构复杂的指标体系，需要采取定性和定量分析相结合的方法（毕丹，2008；刘克寅和宣勇，2014）。

2.2.3 校企合作创新模式

校企合作创新模式是高校、企业为实现各自的发展目标，优势互补，合理配置人才、技术、资金、设备等资源的组织方式。不同学者基于不同视角研究了校企合作创新模式，苏敬勤（1999）按照结合的紧密程度不同将校企合作创新模式分为三种类型：内部化模式、半内部化模式和外部化模式。穆荣平等（1998）按照合作契约的不同将校企合作创新模式分为四种类型：技术转让、联合开发、委托开发和共建实体（李光红和杨晨，2007）。一些学者研究了一些具体的合作创新模式，例如，信息交流和疑难咨询（王艳丽和薛耀文，2010）、人才培养（孟克等，2009；王艳丽和薛耀文，2010）、大学科技园（蒋丹，2007）等。本书将校企合作创新模式分为两大类：技术交易模式和合作研发模式，其中，技术交易模式是企业购买高校的技术成果或技术服务，并依靠自己的技术创新活动将其转化为企业的经济产出，包括技术转让、委托开发、技术咨询服务、人才培养四种类型；合作研发模式是高校和企业共同投入创新资源，协同开发新产品、新技术，包括联合项目开发、共建研发机构（实验室）、联合创办新企业、资源（设备）共享四种类型。

（1）技术转让。技术转让是高校将自己的技术研发成果出售给企业，由企业完成技术成果商业化的一种校企合作创新模式。高校主要通过参加各种贸易洽谈会、企业或政府部门组织的招商招标会、高校或政府部门组织的成果转让推介会等方式，与企业签订技术转让合同，从而完成高校将成熟度较高的技术成果转让给企业（蒋丹，2007）。从校企合作创新实践经验来看，由于企业缺乏相应的技术吸收能力，加上技术转化投资大、风险高，这种模式的成功率较低（付俊超，2013）。

（2）委托开发。委托开发一般是指企业根据技术发展需要、市场需求、自身资源和条件，将自己需要解决的新技术、新产品、新工艺问题委托给高校开发的一种校企合作创新模式（付俊超，2013）。企业将自己需要开发的新产品、技术、工艺项目委托给合作高校开发，并支付相应的开发费用给高校，高校根据开发合同提供给企业需要的开发成果，这在一定程度上实现了创新资源的优势互补，企业可以根据需要获得高校连续跟进的技术服务支持，但在合作创新实践中，合作程度依然较低、成功率不高（安宇宏，2004）。

（3）技术咨询服务。技术咨询服务是高校为企业解决生产经营过程中的一些疑难问题（如成本控制、资源节约、工艺改进、效率提高）提供咨询性合作的一种校企合作创新模式（付俊超，2013），是最基本、最普遍的一种校企合作创新模式，技术含量相对较低，但能促进高校与企业的广泛联系。

（4）人才培养。人才培养是指校企合作创新中合作开发技术创新人才资源的一种合作创新模式，高校充分发挥技术知识资源、技术人才的优势，为企业开展不同层次、不同方式的人才培训，例如，管理培训、技术培训、工作研讨班等；企业为高校教师提供挂职锻炼岗位，培养高校教师的工程应用能力等（安宇宏，2004）。另外，待合作进一步加深，高校还能为企业建立人才培训基地，企业为高校建立实习中心等（孙雷，2008）。

（5）联合项目开发。联合项目开发是高校和企业双方以技术创新项目为载体，将企业的技术、市场、资金等创新资源与高校的人才、实验设备等创新资源有效整合在一起，共同完成技术创新项目的开发，实现双方的合作创新目标（孟克，陆连军和王娟，2009）。联合项目开发可以是高校和企业合作承担企业确定的项目或高校确定的项目，也可以是联合申报的政府、产业的技术攻关项目（蒋丹，2007），它是校企合作创新中较为密切的合作模式。

（6）共建研发机构（实验室）。共建研发机构是企业和高校共同投资建立的为双方未来发展服务的研究开发机构，一般是企业提供资金，高校提供场地、研发人员、部分设备，优势互补，成果共享，实现双赢（安宇宏，2004；蒋丹，2007）。共建研发机构（实验室）是合作创新的新趋势，是紧密型校企合作创新模式，已被国内外许多校企合作创新实践验证，它是一种高效和稳定的校企合作创新模式（孙雷，2008）。

（7）联合创办新企业。联合创办新企业是校企合作创新的高级化模式，企业和高校合作程度较高，适用于高校的研发成果较容易转化成具有现实需求的产品，企业又具有相应的产品开发能力和产品销售渠道，为了将创新成果转化成现实生产力，双方以企业的组织形式将创新成果应用开发，推向市场，获取效益。

（8）资源（设备）共享。资源（设备）共享是校企合作创新中一种较为松散的合作研发模式，企业具有第一手的客户数据，具有深厚的实践经验，高校研发资源丰富，双方将各自的资源（设备）共享进行合作创新，优势互补，有益于将各自资源创造更大的价值，形成“1 +1 >2”的效果。

2.2.4 促进校企合作创新效果的影响因素

利益分配是校企合作创新成功的关键问题，詹美求和潘杰义（2008）总结了实际运行中的三种典型校企合作创新利益分配模式，即，固定支付模式（企业为获取的技术成果向高校支付固定的技术开发费用或成果转让费用）、产出分享模式（高校和企业根据各自投入的资金、技术等要素的份额，按双方协商确定的比例分享合作创新产出）、混合模式（企业预支给高校部分固定的报酬，同时又从校企合作创新成果商业化总收益中按一定比例提取分享报酬），他们应用博弈论研究了混合模式的分配问题，他们的研究表明，校企合作创新各方的分配系数与各自的贡献系数正相关，与各自创新活动的成本系数负相关；校企合作创新各方的工作努力水平随着其分配系数的增加而增加，随着其创新性成本系数的平方的增加而降低。值得注意的是，校企合作创新活动具有阶段性特征，高校和企业应重视合作创新属性演化的信号监测，适时调整校企合作创新机制，以促进校企合作创新持续的价值创造（詹美求和潘杰义，2008）。王文亮和刘岩（2011）认为，利益分配关系到校企合作创新的长期性和稳定性，利益分配应遵循互惠互利、风险补偿、兼顾集体利益与个体利益的合理性，他们基于河南省 60 家创新型企业的调查数据发现，市场状况、技术风险是校企合作创新利益分配的主要影响因素。

校企合作创新是一种高风险的技术创新活动，影响校企合作创新的主要风险有技术风险（合作创新技术开发的难度、高校的技术开发能力、企业的技术吸收及转化能力的不确定性带来的风险）、市场风险（合作开发的新产品的市场前景、企业开拓新产品市场能力的不确定性带来的风险）、资金风险（因缺乏融资条件，新产品开发收益的不确定性带来的风险）、管理风险（校企合作创新双方的相互信任程度、对合作创新目标的认同程度、利益分配、知识产权保护等合作管理因素不确定性带来的风险）（张洪剑，2012）。因此，校企合作创新双方应选择声誉良好的合作伙伴，详细评估合作创新技术项目的技术可行性，坚持市场需求导向，积极开发市场需要的产品，努力缩短产品开发周期，降低开发成本，不断提高新产品的市场竞争能力，从而降低合作创新风险，提高校企合作创新效果（张洪剑，2012）。

信任机制是重要的校企合作创新运行机制，频繁沟通、清晰界定任务、预先分类信息能够促进校企合作之间的信任（Ishaya & Macaulay，1999），王文亮和刘岩（2011）指出，沟通、声誉、相互依赖性、合作经历、制度保障等都对校企合作创新间的信任关系产生影响。刘克寅和宣勇（2014）认为，在选择高校合作伙伴时，企业倾向于与有合作经历的高校进行校企合作创新，因为相互之间信任感强，降低了协调成本，因而，一方面，高校要尽量与有合作经历的企业保持合作关系，另一方面，要努力寻找具有长期发展潜力的校企合作创新企业，一般说来，中小企业成长性好，对外部创新资源需求大，校企合作创新积极性高，但与大企业相比，与中小企业合作创新的风险大，因此，高校应加强对中小企业声誉的考察。校企合作创新的信任关系可以通过各自的行为建立起来，合作各方尽职尽责完成各自的任务，合作各方共享信息，建立适宜的公正合理的分配机制，合作各方密切接触建立友情关系，尽可能杜绝各自的机会主义行为（郜振廷和赵江娜，2007）。

第3章
理论假设

3.1 本书关键术语的定义

企业冗余资源是超过企业现有业务实际经营需要的过剩资源（Simsek et al，2007；钟和平，2009），它包括企业未充分利用的生产能力、富裕的人力资源、超额的资本费用投入、能增加企业经营产出的各种机会（Nohria & Gulati，1996；钟和平，2009）。按照冗余资源在企业存在的具体形态，企业冗余资源可以划分为：物质冗余、人力资源冗余、财务冗余、技术冗余。物质冗余是超过企业现有业务实际经营需要的过剩的物质资源，包括未能充分利用的厂房、设备，多余的或废弃的原材料、产成品，过多的存货等（钟和平，2009；张玉利等，2009）。人力资源冗余（以下简称人力冗余）是超过企业现有业务实际经营需要的过剩的人力资源，包括富裕的人员、未能充分利用的人的知识和能力（钟和平等，2009）。财务冗余是超过企业现有业务实际经营需要的过剩的财务资源，包括过剩的流动资金、无风险的借贷能力（Mishina et al，2004；钟和平，2015）。技术冗余是超过企业现有业务实际经营需要的过剩的技术资源，包括多余的专利技术、技术秘密、技术诀窍以及已使用技术没有充分利用的部分。

校企合作创新是指高校和企业基于合作各方的共同利益，资源共享，优势互补，分工协作，共同完成一项技术创新活动的行为（李光红，2007）。校企合作创新是提高企业和高校技术创新水平和效率的必然选择（景临英等，2008）。校企合作创新涉及科技成果转让、技术咨询、联合进行项目开发、联合申报政府及行业项目、共建研发机构、共建实验室（工程中心）、共建实体企业、联合培养人才、资源共享等多种形式。

组织能力是企业配置其拥有的资源的能力，是企业拥有的为实现组织目标所需要的知识和技能（李怡靖，2003），现有文献基于不同的研究需要，研究了市场营销能力、生产经营能力、技术创新能力、人力资源管理能力、吸收能力、资源整合能力、组织协调能力等，本书研究认为，企业知识吸收能力、技术创新能力是组织能力的核心（黄汉民，2002；江积海和宣国良，2005）。企业的知识吸收能力是企业识别、获取、消化外部新知识的能力。企业技术创新能力是将企业知识转化为新产品、新技术并商业化的能力。

基于企业能力的观点，企业选择、获取并有效配置资源的动态能力是企业持久竞争优势的源泉（方润生，2005）。企业选择、获取外部资源的能力是企业从外部环境中选择、获取对企业发展有用的资源、信息的能力（Cohen & Levinthal，1990），从本质上看，它是企业识别、理解和消化外部知识的能力，即知识吸收能力（Zahra & George，2002）。黄汉民（2002）认为，从配置企业资源的组织能力来看，企业持久竞争优势的取得及企业持久竞争优势的保持，归根结底由企业创新能力的强弱决定，因此，企业的知识吸收能力和技术创新能力构成了企业组织能力的内核（黄汉民，2002；江积海和宣国良，2005）。企业知识的吸收能力越强，企业选择、获取外部资源的能力越强；企业的技术创新能力越强，企业的资源配置能力也就越强。

3.2　不同类型冗余资源对校企合作创新驱动力的影响

企业物资冗余的存在给企业管理者追求经济效益带来了较大的经营压力，由于受现有经营业务的限制，企业的物资冗余难以直接转换为企业的经济产出，唯有通过技术创新，整合新资源，重组（构）物质冗余的知识格式，从而将物质冗余转化为符合市场需要的产品，通过满足市场需求为企业创造心仪的利益。遗憾的是，绝大多数企业，特别是中小企业，都不具备将所有物质冗余转化为企业创新产出的能力，当企业没有足够的研发技术力量来开发利用企业的物资冗余时，充分利用高校的科技资源为企业服务，与高校合作创新成为企业的首选。近年来，我国高校获得了跨越式发展，充足的科研成果、技术储备、科技人才为企业寻求合适的创新合作提供了保障，更加刺激了企业积极寻求与高校合作的动机和信心，企业的物资冗余越多，企业提高开发利用物资冗余，提高企业经济效益的压力越大，企业就越有动力开展校企合作创新，因而，物资冗余促进了校企合作创新的形成，由此，本书提出以下假设：

H1　企业物质冗余正向影响校企合作创新驱动力。

人力资源冗余的存在是企业的客观现象，对企业管理者来讲，保持一定的人力资源冗余，既是充分维护现有战略业务的需要，又是保持企业战略业务的竞争优势的需要，但是，当企业的人力资源冗余超过必须程度后，人力资源冗余的负面作用就会不断放大，资源争夺激烈、内耗、权利斗争、低效率等将侵蚀企业有限的经济效益，这些给企业管理者带来了巨大的经营压力。在当今快速变革的知识经济时代，也唯有通过技术创新，整合新资源，才能将人力资源冗余转化为企业的经济产出。很明显，单独依靠企业自身力量，难以将企业人力资源冗余转化为企业的创新产出，因而与高校合作创新就成为企业的首选。现代企业技术创新是开放式创新，高校丰富多彩的前沿理论知识、先进的技术及科技成果、卓越的科技人才资源，通过有效地对企业人力资源冗余的培训转换、合作研发，极大地促进了校企合作创新的创新产出。企业人力资源冗余越多，企业管理者将人力资源冗余转化为企业经济产出的压力越大；充足的人力资源冗余，使得企业人力资源冗余与高校科技资源形成了较强的互补性，提高了校企合作创新预期效果，大大增强了企业与高校合作创新的动力，因而人力资源冗余促进了校企合作创新的形成，由此，本书提出以下假设：

H2　企业人力资源冗余正向影响校企合作创新驱动力。

财务冗余的存在是企业良好经营业绩的体现，保障了企业的有效运营，但是，企业较多的财务冗余意味着企业未能有效利用企业的财务资源转化为企业的经济产出，降低了企业的经济效益，给企业管理者带来了较大的经营压力，也刺激了追求卓越的企业家雄心，如何将企业的财务冗余转化为企业的经济产出，也唯有通过技术创新，整合新资源，开发出市场需要的新产品、新技术，才能实现追求高效益的经济目标。显然，由于新产品、新技术开发的风险太大，仅仅依靠企业有限的财务冗余还是难以实现将企业财务冗余转化为企业的创新产出的目标，因而低交易成本、低风险、高产出的校企合作创新就成为企业的首选。企业财务冗余越多，企业管理者将财务冗余转化为企业经济产出的压力越大；充足的企业财务冗余，加大了企业管理者与高校合作开发新产品、新技术的决策自由度，提高了校企合作创新的预期和信心，大大增强了企业与高校合作创新的动力，因而财务冗余促进了校企合作创新的形成，由此，本书提出以下假设：

H3 企业财务冗余正向影响校企合作创新驱动力。

技术冗余是企业长期技术知识累积的结果，为企业的创新和发展提供了强有力的技术支撑，但是，企业较多的技术冗余意味着企业前期对技术的投入并未给企业带来相应的经济产出回报，降低了企业的经济效益，给企业管理者带来了较大的经营压力。在当今技术发展日新月异的知识经济时代，若企业不能及时将企业技术冗余转化为企业的经济产出，技术很快就会被淘汰，前期的技术投入就会变成企业的沉没成本，因而企业必须通过进一步的技术创新，整合新资源，开发出满足市场需要的新技术，才能实现企业提高经济效益的目标。很明显，技术开发的高风险使得企业难以独立完成技术冗余向企业经济产出的转换，因而低交易成本、低风险、高产出的校企合作创新就成为企业的首选。企业技术冗余越多，企业管理者将技术冗余转化为企业经济产出的压力越大；充足的企业技术冗余，增加了企业管理者选择合适的与高校合作开发新产品、新技术的决策自由度，提高了校企合作创新的预期和信心，大大增强了企业与高校合作创新的动力，因而技术冗余促进了校企合作创新的形成，由此，本书提出以下假设：

H4 企业技术冗余正向影响校企合作创新驱动力。

综上所述，企业冗余资源与校企合作创新驱动力之间关系的概念模型如图 3 – 1 所示。

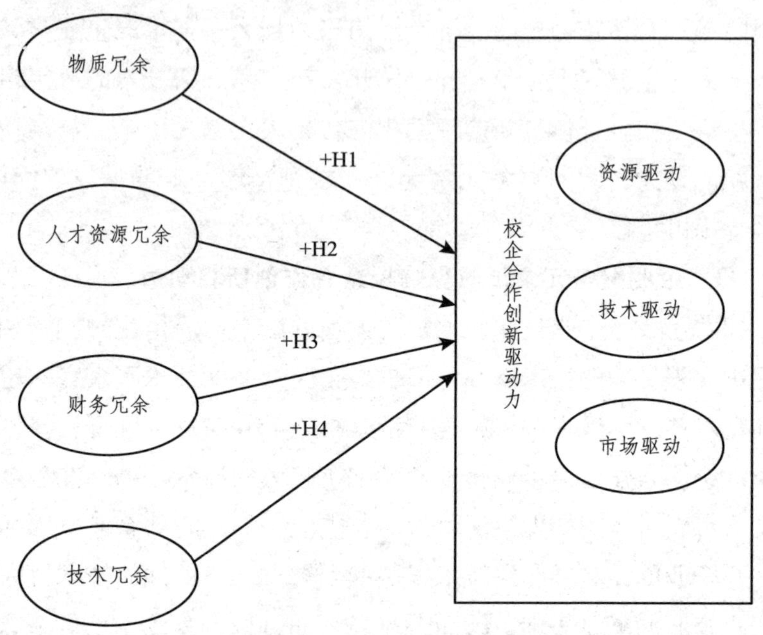

图 3－1 企业冗余资源与校企合作创新驱动力之间的关系模型

3.3 不同类型冗余资源对校企合作创新合作伙伴选择的影响

企业规模越大，企业实力越雄厚，在市场上更具有竞争优势，占有的市场份额相对较大，对市场需求和趋势认识更深刻，对顾客所需产品及其技术把握更准确，规模大的企业的技术力量较强，拥有更多的产品开发技术，因而对企业已拥有的产品技术和所缺的产品技术的理解更准确、透彻，这样，企业在选择校企合作创新伙伴时，对需要高校提供给企业的产品技术的界定更清晰、准确，对高校提供的技术的价值、风险把握更准确，从而很容易达成校企合作创新目标和协议，因此，规模大的企业，能有效把握企业需要的合作技术的关键，进而在选择高校合作伙伴时，更看重合作高校提供的技术是否满足企业的需要，由此，本书提出以下假设：

H5　规模大的企业在选择合作高校时，更看重合作高校技术。

企业的物质冗余越多，意味着企业拥有较多的闲置设备、材料及其他有形资源未能转化为企业的经济产出，若是因缺乏相应的资金、人员等经营资源的配套产生的物质冗余，企业可以通过引进资金和人才来解决物质冗余转化为企业经济产出问题，然而，企业大量的物质冗余实际上是长期经营过程中，因企业外部经营环境的变化、经营管理效率的提升、委托代理问题等原因产生的资源沉积，由于物质资源的专有属性，需要通过校企合作创新开发出针对性的技术才能将物质冗余转化为企业的创新产出。企业的物资冗余越多，企业开发利用物资冗余的压力越大，转化利用物资冗余的技术难度也越大，风险也越高，这样，企业对校企合作创新的技术开发的时间、效果、风险控制要求越高，因而企业在选择高校合作伙伴时，首先，要考虑的是合作高校的现有技术能否很快应用于企业物资冗余的开发利用，实现企业预期的目标，其次，才考虑合作高校专家能否有效保障这一目标的实现，由此，本书提出以下假设：

H6　物资冗余多的企业在选择合作高校时，更看重合作高校技术。

企业的人力资源冗余越多，意味着企业一些业务部门的人员富余太多，由于企业经营业务需求不足，造成不少人员闲置，一方面，给企业增加了成本支出，另一方面，人多、是非多、内耗大，降低了企业运营效率。人力资源冗余是企业经营过程中，因企业外部经营环境的变化引起的部分业务萎缩、经营管理效率提升等导致的一些人员变成多余，若不能及时将企业富余人员配置到新的合适的业务部门，日积月累，就形成了大量的人力资源冗余，因而企业必须通过技术创新，开发出新业务，才能将现有的人力资源冗余转化为企业的经济产出。企业的人力资源冗余越多，企业开发利用人力资源冗余的压力越大，转化利用企业人力资源冗余的技术难度也越大，风险越高，这样，企业对校企合作创新的新技术、新业务开发的时间、效果、风险控制要求越高，因而企业在选择高校合作伙伴时，首先，要考虑的是合作高校的现有技术及业务能否很快应用于企业人力资源冗余的开发利用，实现企业预期的目标，其次，才考虑合作高校专家能否有效保障这一目标的实现，因此，本书提出以下假设：

H7　人力资源冗余多的企业在选择合作高校时，更看重合作高校的技术。

企业的财务冗余越多，意味着企业闲置的财务资金较多，一方面，企业现有业务经营良好，不仅不需要企业投入资金，而且产生了良好的现金流，另一方面，大量闲置的资金找不到合适的业务可投，降低了企业的经济效益，因而，需要通过投资校企合作创新，开发出符合市场需要的新技术、新业务，才能将财务冗余转化为企业的经济产出，不断提升企业的经济效益。企业的财务冗余越多，企业就有充足的资金支持校企合作创新，这样，就可以选择那些具有良好发展前景的校企合作创新项目，共同开发出市场前景广阔的新技术业务，但是，这些具有良好发展前景的校企合作创新项目不可避免地存在投资大、技术难度大、开发时间长、开发实施过程中的不确定因素很多等问题，较高的合作创新风险要求双方、特别是合作专家的全力投入，要求合作高校的大力支持，才能开启合作创新的成功大门。由于企业难以准确把握合作创新技术问题，因而，企业在选择高校合作伙伴时，在合作创新技术论证可行的基础上，更加注重考查合作专家的技术水平、敬业精神、声誉以及合作高校的支持政策和措施，以确保合作专家有足够的技术能力、时间精力、动力投入校企合作创新项目，从而保证校企合作创新项目成功，实现企业预期的目标，由此，本书提出以下假设：

H8 财务冗余多的企业在选择合作高校时，更看重合作高校专家。

企业的技术冗余越多，意味着企业未开发利用的技术资源越多，若这些闲置的技术资源不能及时转化为经济产出，随着这些技术的淘汰，相关前期投入形成的沉没成本越高，降低了企业的经济效益，因而，需要通过校企合作创新，整合新的技术资源，开发出符合市场需要的新技术、新业务，才能将技术冗余转化为企业的经济产出，不断提升企业的经济效益。企业的技术冗余越多，企业的技术水平越高，企业的各种技术储备也越多，与企业技术冗余匹配的校企合作创新项目的选择范围就越大，这样，企业就可以选择那些具有良好发展前景的校企合作创新项目，共同开发出市场前景广阔的新技术业务。由于校企合作创新是以开发利用企业的技术冗余为基础的合作创新，这就需要合作高校专家的技术与企业的技术冗余匹配，并能实现双方技术资源的创造性的整合，产生企业预期的新技术业务，另外，合作创新还涉及合作双方技术评价、企业技术保密、知识产权保护及利益分配等复杂问题，而妥善解决这些问题的关键是建立合作双方之间的信任，只要双方相互信任，就会不计较己方得失，敞开胸怀，共同致力于合作创新，直至项目的成功，因此，企业在选择高校合作伙伴时，在确保合作创新项目技术可行的基础上，还要考查合作专家及合作高校，重点评估能否与合作专家建立起高度信任关系，以确保双方合作创新愉快，共同致力于校企合作创新项目的成功，由此，本书提出以下假设：

H9 技术冗余多的企业在选择合作高校时，同等看重合作高校技术和合作高校专家。

综上所述，企业冗余资源对校企合作创新合作伙伴选择的影响的概念模型如图3-2所示。

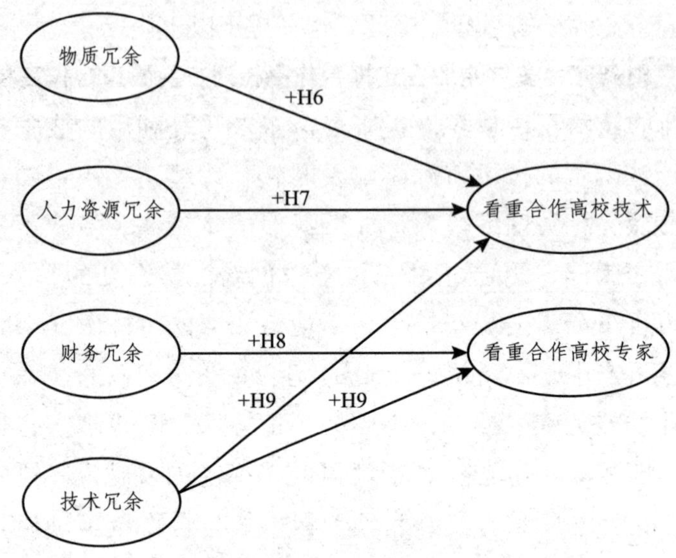

图 3-2　企业冗余资源对校企合作创新合作伙伴选择的影响模型

3.4　不同类型冗余资源对校企合作创新合作模式选择的影响

物资资源是重要的创新资源，物资冗余为校企合作创新提供了资源基础，是推动校企合作创新发展的重要影响因素。企业的物资冗余越多，企业通过校企合作创新将物资冗余转化为企业的创新产出的压力越大。一般说来，企业通过校企合作创新开发利用企业的物资冗余的途径有两个方面，一是通过技术交易的方式，直接购买合作高校的技术，但需要花费一定的财务冗余，若合作高校的技术是现成的，合作效果不错，但若合作高校的技术还需要进一步的开发完善，就存在较大的风险；二是通过合作研发的方式，企业以一定量的物资冗余（如设备、场地）作为合作创新的部分或全部创新资源投入，与高校合作开发企业所需技术，显然，这种合作创新模式降低了企业风险。在企业资源总体紧张的情况下，企业的物资冗余越多，企业的财务资源相对就紧张，企业在进行校企合作创新时，就越希望将物资冗余作为合作创新的部分或全部创新资源投入，合作研发，从而有效降低企业风险，因此，企业物资冗余越多，越倾向合作研发模式，由此，本书提出以下假设：

H10　当企业选择校企合作创新模式时，物质冗余多的企业会优先考虑合作研发模式。

人力资源是最具活力的创新资源。人力资源冗余为校企合作创新提供了人力资源基础，是推动校企合作创新发展的重要影响因素。企业的人力资源冗余越多，企业就越积极通过校企合作创新将人力资源冗余转化为企业的创新产出，一方面，企业可以通过技术交易模式，如技术转让、委托开发，引进合作高校与企业人力资源冗余相匹配的新技术业务，通过将人力资源冗余配置到引进的新技术业务中去，实现企业人力资源冗余的开发利用，提高企业的人力资源效率；另一方面，企业可以通过合作研发模式，例如，合作开发、共建研发机构等，企业以一定量的人力资源冗余（如富余的技术工程师、管理服务人员、市场研究人员）作为合作创新的部分或全部创新资源投入，与高校合作开发企业所需技术，这样，企业就可以将一部分人力资源冗余配置到合作研发活动里，另一部分人力资源冗余配置到合作开发出的新技术业务里，从而可以有效利用企业人力资源冗余。很明显，相对于技术交易模式，合作研发模式降低了企业风险，提高了企业的人力资源效率，但合作研发模式要求企业具备合作创新需要的高水平项目技术开发人员的投入，然而，在企业实际经营过程中，许多企业，特别是中小企业，由于高水平项目技术开发人员缺乏，其人力资源冗余结构大都不具备合作研发所需的关键人力资源投入条件，因而，采用技术交易模式更具合作创新效率。企业人力资源冗余越多，将企业人力资源冗余转化为企业创新产出的难度越大，若采用合作研发模式就越发复杂，因此，企业越倾向简单化的技术交易模式，通过购买与企业人力资源冗余匹配的合作技术来提高合作创新效率，由此，本书提出以下假设：

H11　当企业选择校企合作创新模式时，人力冗余多的企业会优先考虑技术交易模式。

财务冗余为校企合作创新提供了资金保障，是推动校企合作创新发展的重要影响因素。由于财务资源是通用创新资源，企业很容易将其配置到校企合作创新活动中去，从而通过校企合作创新将企业的财务冗余转化为企业需要的创新产出，不断提高企业的经济效益。当企业通过校企合作创新来开发利用企业的财务冗余时，无论采取技术交易模式，还是采取合作研发模式，对于企业来讲，其最终结果都一样，本质上都是用资金购买所需的合作技术。企业选择技术交易模式合作创新（如技术转让、委托开发、技术咨询），企业和高校对合作技术的价值、风险的认识评价很清楚，交易快捷方便，创新产出目标明确，结果可控；企业选择合作研发模式合作创新（如合作研发、共建研发机构、共建实体公司），企业和高校对合作技术的未来前景看好，但不确定因素很多、风险大，结果不可控。显然，相对于技术交易模式合作创新，合作研发模式合作创新的时间周期长、管理过程复杂、经济前景不确定，在当今市场快速变化的时代，多数企业面临尽快提升企业经济效益的巨大压力，特别是中小企业，这样，风险小、见效快、简单方便的技术交易模式合作创新更受企业青睐。企业的财务冗余越多，企业尽快提升财务效益的压力越大，企业就越倾向简单化的技术交易模式，尽快通过购买符合企业需要的合作技术来提高合作创新效益，由此，本书提出以下假设：

H12 当企业选择校企合作创新模式时，财务冗余多的企业会优先考虑技术交易模式。

企业的技术冗余越多，企业面临的将技术冗余转化为企业的创新产出的压力越大，巨大的压力促使企业管理者积极推进校企合作创新。一般说来，根据技术的成熟程度，我们可以将企业的技术冗余分为未利用的相对成熟技术和前瞻性技术，对于那些未利用的相对成熟技术，企业可以通过技术交易模式，引进合作高校与企业技术冗余相匹配的新技术业务，通过将技术冗余配置到引进的新技术业务中去，实现企业技术冗余的开发利用，提高企业的经济产出；对于那些未利用的前瞻性技术，由于技术前景不明、风险大，企业技术实力又有限，可以通过合作研发模式，如联合开发、共建研发机构等，企业以未利用的前瞻性技术为基础，与高校合作开发企业所需技术，从而实现将企业技术冗余转化为企业创新产出，不断提高企业的经济效益。显然，两种合作模式适用于企业不同的技术冗余类型，对企业技术冗余的开发利用都有利，技术交易模式合作创新能够简单、快捷整合企业技术冗余和合作高校技术，并及时转化为企业的经济产出；合作研发模式合作创新能整合合作双方的优势资源，开发出前景广阔的新技术业务，获取更大的经济利益，但时间周期长、投入大、风险大。企业技术冗余越多，将企业技术冗余转化为企业创新产出的难度越大、压力越大，除了很有前景的前瞻性技术冗余不得不采用合作研发模式开发利用外，企业大都倾向简单化的技术交易模式，通过购买与企业技术冗余匹配的合作技术来提高合作创新效益，由此，本书提出以下假设：

H13 当企业选择校企合作创新模式时，技术冗余多的企业会优先考虑技术交易模式。

综上所述，企业冗余资源对校企合作创新模式选择的影响的概念模型如图3－3所示。

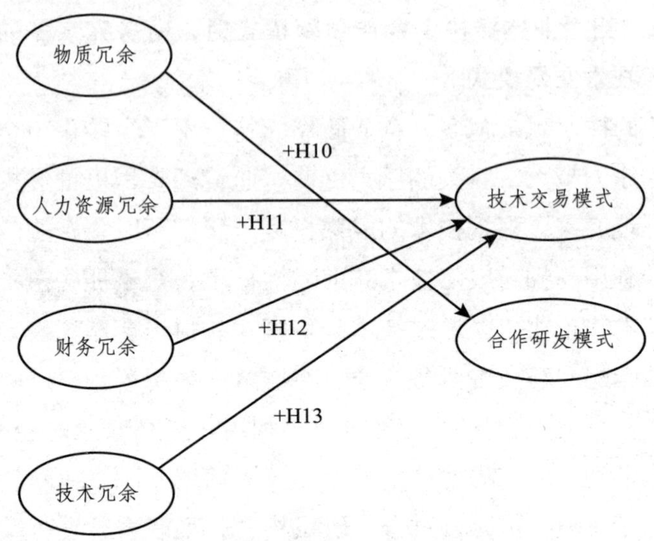

图 3-3　企业冗余资源对校企合作创新模式选择的影响模型

3.5　不同类型冗余资源对校企合作创新合作稳定性的影响

物质冗余是企业创新资源的重要来源，促进了校企合作创新。当企业与高校合作创新时，若选择合作研发模式，则物质冗余是校企合作创新资源基础，企业的物质冗余越多，企业投入到校企合作创新活动的物资资源越多，保证了合作创新项目团队的资源供给，实现人人有资源保证、事事有资源保证，减少了项目团队成员因资源紧张引起的摩擦，促进了组织和谐；由于企业物质冗余的成本相对很低，企业就不会太计较投入的物资冗余的使用问题，合作创新双方就不会斤斤计较，大家合作创新愉快；充足的物质冗余为校企合作创新项目提供了充分的资源保障，确保更多的校企合作创新项目成功，促进了校企合作创新稳定地从成功走向成功。若企业在与高校合作创新时选择技术交易模式，物质冗余同样是利用购进的高校合作技术进行合作创新的资源基础，企业物质冗余越多，提供给合作创新项目的资源越多，减少了项目组织内摩擦，促进了团队和谐愉快；充足的物质冗余，与匹配高效的高校合作技术相结合，使得校企合作创新项目获得更大的成功，促进了校企合作创新的稳定。因此，企业物质冗余促进了校企合作创新的稳定发展，由此，本书提出以下假设：

H14　企业物质冗余正向影响校企合作创新的稳定性。

人力资源冗余是企业创新资源的重要来源。无论企业选择技术交易模式校企合作创新，或是选择合作研发模式校企合作创新，企业都需要投入一定量的人力资源，也只有企业具备一定量的人力资源冗余，才能为校企合作创新提供必需的人力资源投入。企业的人力资源冗余越多，企业通过校企合作创新开发利用企业人力资源冗余的压力越大，企业投入校企合作创新项目的人力资源也越多，从而为校企合作创新项目提供了充分的人力资源保障，由于人力资源是创新的核心资源要素，因而促进了校企合作创新项目的成功，进而推动校企合作创新持续稳定地从成功走向成功。充足的企业人力资源冗余，使得投入到校企合作创新项目的人力资源团队面临巨大的成功压力，因为他们没有退路，他们必须全心全力投入校企合作创新，妥善处理好与合作高校及专家的关系，虚心学习合作技术，不计个人得失，积极努力完成合作创新工作，形成和谐、向上、奋进的合作创新氛围，促进了校企合作创新项目的更大成功。因此，企业人力资源冗余促进了校企合作创新的稳定发展，由此，本书提出以下假设：

H15　企业人力资源冗余正向影响校企合作创新的稳定性。

财务冗余是校企合作创新创新的资源基础，财务冗余支持校企合作创新的典型模式是技术交易模式和合作研发模式，无论是技术交易模式合作创新，还是合作研发模式合作创新，企业都需要投入一定量的财务资源。尽管校企合作创新是一个充满期望和收获的过程，但同时也是一个充满荆棘和风险的过程，也只有充足的财务冗余，才能保证企业有足够的财力资源投入校企合作创新。足够的财务冗余为校企合作创新项目提供了充分的资源保障，确保更多的校企合作创新项目取得更大的成功，从而使校企合作创新持续稳定地从成功走向成功。企业的财务冗余越多，企业投入到校企合作创新活动的财务资源越多，保证了校企合作创新项目团队的资源供给，实现人人有资源保证、事事有资源保证，减少了项目团队成员因资源紧张引起的组织摩擦，促进了组织和谐；充足的财务冗余，营造了资源宽松的校企合作创新氛围，使得项目团队成员合作创新愉快，人人愿意长期留在合作创新团队发展，促进了合作创新团队的稳定。因此，企业财务冗余促进了校企合作创新的稳定发展，由此，本书提出以下假设：

H16　企业财务冗余正向影响校企合作创新的稳定性。

技术冗余是企业重要的创新资源。当企业与高校合作创新时，无论企业选择技术交易模式校企合作创新，或是选择合作研发模式校企合作创新，企业都需要投入一定量的技术资源，也只有企业具备一定量的技术冗余，才能为校企合作创新提供必需的技术资源投入。企业的技术冗余越多，企业投入校企合作创新项目的技术资源也越多，从而为校企合作创新项目提供了充分的技术资源保障，有利于校企合作创新项目的成功，进而推动校企合作创新持续稳定地从成功走向成功。充足的企业技术冗余，为企业选择匹配的合作高校技术提供了更多的选择，有利于企业选择更多、更好、更易成功的校企合作创新项目；足够的技术冗余，缩小了高校合作技术与企业技术之间的差距，大大减少了合作创新过程中校企双方之间的沟通障碍，有利于建立起相互之间的信任，促进了合作技术从高校向企业的转移，加速校企合作创新项目的成功。因此，企业技术冗余促进了校企合作创新的稳定发展，由此，本书提出以下假设：

H17　企业技术冗余正向影响校企合作创新的稳定性。

综上所述，企业冗余资源与校企合作创新稳定性之间关系的概念模型如图3－4所示。

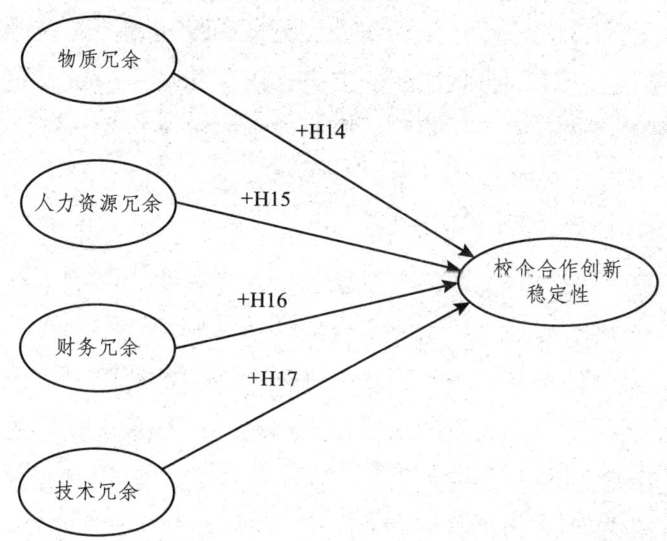

图3－4　企业冗余资源与校企合作创新稳定性之间的关系模型

3.6　不同类型冗余资源对校企合作创新绩效的影响

企业规模是企业人员、资金、销售额等实力的综合体现。规模大的企业，各种经营资源越多，意味着企业投入技术创新的资源越多，这样可以向校企合作创新投入更多的创新资源，确保企业与高校合作创新顺利，并产出更多的校企合作创新成果；规模大的企业，销售收入高，品牌知名度高，市场份额和市场影响力大，能够深刻理解、把握顾客需求，从而可以使校企合作创新成果更好地满足市场需求，有利于校企合作创新成果成功商业化（钟和平，2016）。由此，本书提出以下假设：

H18　企业规模正向影响校企合作创新绩效。

物质资源是校企合作创新活动必备资源，企业的物质冗余越多，企业就可以为校企合作创新投入更多的物质资源，企业管理者在寻求与企业物质冗余相匹配的校企合作创新项目时就有更多的选择，从而可以选择更多、更好、更易成功的校企合作创新项目，促进了校企合作创新的成功。足够的物质冗余，保障了校企合作创新项目所需物质资源的充分供给，使得项目团队管理者放松资源控制，营造起不用担心失败的创新氛围，大胆探索、勇于创新，提高了校企合作创新绩效。尽管校企合作创新是利用双方互补的优势资源进行的合作创新，在一定程度上降低了各自的风险，但技术创新活动毕竟是具有较大风险的未知探索活动，一些重大项目更是需要企业、甚至高校旷日持久的物质资源的不断投入，只有充足的物质冗余才能保证企业为校企合作创新项目提供源源不断的资源供给，从而确保重大校企合作创新项目的成功，不断提高校企合作创新绩效。因此，本书提出以下假设：

H19　企业物质冗余正向影响校企合作创新绩效。

人力资源是校企合作创新活动必备关键资源，企业的人力资源冗余越多，企业就有更多的人力资源投入校企合作创新，企业管理者就可以不受人力资源约束的限制，提高了校企合作创新的决策自由度，从而使企业管理者想方设法寻找和利用更多、更好地与企业人力资源冗余相匹配的校企合作创新机会，不断提高校企合作创新绩效（钟和平，2016）。尽管校企合作创新降低了企业创新风险，但高校技术转移到企业并成功商业化，失败的风险依然很高，这就需要企业投入的较多的人力资源反复试验，不断创新、不断完善，只有企业具有足够的人力资源冗余，才能保证源源不断的校企合作创新的人力资源供给。充足的人力资源冗余，一方面，保证企业可以选择更多符合校企合作创新项目需要的企业员工进入校企合作创新团队，有利于合作创新的顺利开展，另一方面，也给进入校企合作创新团队的成员带来巨大的压力，他们唯有积极学习，全心全力投入校企合作创新，努力提高校企合作创新绩效，才有个人的发展空间。因此，本书提出以下假设：

H20　企业人力资源冗余正向影响校企合作创新绩效。

财务资源是校企合作创新活动的重要资源，企业的财务冗余越多，企业就有更多的资金投入校企合作创新，企业管理者就可以不受资金约束的限制，提高了校企合作创新的决策自由度，从而使企业管理者想方设法寻找和利用更多、更好的校企合作创新机会，不断提高校企合作创新绩效（钟和平，2016）。现代校企合作创新是一项充满荆棘和高风险的未知探索活动，一些重要技术，特别是前沿技术，从高校转移到企业并成功应用到市场，更需要企业、甚至高校旷日持久的财务资源的不断投入，只有充足的财务冗余才能保证企业为校企合作创新项目提供源源不断的资金供给，从而确保这些重要前沿技术的成功商业化。足够的财务冗余，保障了校企合作创新项目所需资金的充分供给，使得项目团队管理者放松资源控制，营造宽松的资源环境，团队成员不用担心资源问题，也不用担心失败的风险，从而大胆探索、勇于创新，共同致力于校企合作创新，提高了校企合作创新绩效。因此，本书提出以下假设：

H21　企业财务冗余正向影响校企合作创新绩效。

技术资源是校企合作创新活动必备关键资源，企业的技术冗余越多，企业就有更多的技术资源投入校企合作创新，企业管理者就可以不受技术资源约束的限制，提高了校企合作创新的决策自由度，从而使企业管理者可以寻找和利用更多、更好地与企业技术冗余相匹配的校企合作创新机会，不断提高校企合作创新绩效。足够的技术冗余，意味着企业拥有较多的市场知识、产品及工艺技术知识，这样，在校企合作创新过程中，企业团队成员能够通过学习，快速整合合作高校技术知识和企业技术知识，深入理解把握合作高校技术，快速弥补合作高校技术与企业技术之间的差距，促进合作高校技术快速转移到企业并成功商业化。充足的技术冗余，保障了校企合作创新项目所需企业技术资源的充分供给，一方面，可以使企业选择更多的有价值的与企业技术差距合适的合作高校技术，降低了合作高校技术向企业转移的障碍，另一方面，也使合作高校专家通过学习掌握企业技术，进一步缩小合作技术与企业技术的差距，减少了合作创新过程中的沟通障碍和技术转移障碍，提高了校企合作创新绩效。因此，本书提出以下假设：

H22 企业技术冗余正向影响校企合作创新绩效。

综上所述，企业冗余资源与校企合作创新绩效之间关系的概念模型如图 3－5 所示。

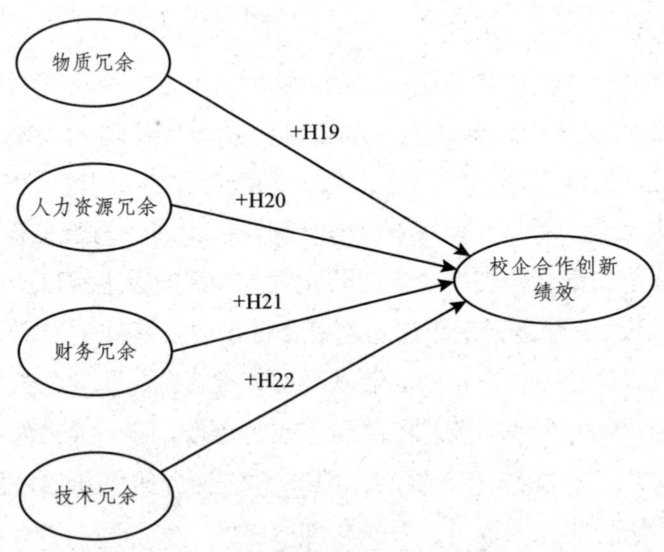

图 3－5 企业冗余资源与校企合作创新绩效之间的关系模型

3.7　组织能力对企业冗余资源与校企合作创新之间关系的调节机理

3.7.1　组织能力与校企合作创新之间的关系

企业的知识吸收能力越强，识别、获取和消化外部市场知识的能力越强，从而能够洞悉企业产品市场的需求及其发展趋势、市场竞争状况，清楚地认识到企业自身的优势、劣势和竞争差距，从而发现企业面临的发展机会和威胁，进而促使企业通过创新来应对，当企业自身资源有限时，就促使企业寻求校企合作创新来把握发展机遇、有效应对外部威胁。企业的知识吸收能力越强，企业识别、获取和消化外部技术知识的能力越强，从而能够洞悉行业技术及其发展趋势，明白企业技术水平的优势、劣势及差距，当企业不能独立应对技术差距和发展变化时，促使企业寻求校企合作创新来发展企业的技术实力。企业的知识吸收能力越强，识别、获取和消化高校技术知识的能力越强，企业就能快速、准确识别、理解高校技术知识与企业技术的差距，认清高校技术对企业发展的重要价值，从而推动校企合作创新，实现高校技术知识向企业转移。因此，本书提出以下假设：

H23　企业知识吸收能力正向影响校企合作创新驱动力。

企业只有从高校获取和同化了那些对企业经营有价值的外部知识，并且及时地把这些外部知识转换到企业的业务流程之中，并加以充分利用，这些外部知识才能够真正为企业创造价值。企业的知识吸收能力越强，企业获取高校知识、同化高校知识的能力越强，因而，企业对高校共享、转移给企业的知识的认知、理解、接受、转化和利用就变得更容易。一些学者的研究证实，企业的知识吸收能力越强，企业整合、利用外部知识的表现越出色（Lorenzon & Lipparin，1999；杨菊萍和贾生华，2009），从而促进了校企合作创新。

一般来说，与企业已有知识基础的差距较小的知识更容易被企业吸收（杨菊萍和贾生华，2009），企业与高校之间知识的相似性越强，知识扩散越容易。企业的知识吸收能力越强，积累的知识基础越好，与高校共享、转移给企业的知识的差距越小，因而，使得高校知识更容易向企业扩散。高校知识向企业扩散是需要一定成本的，知识吸收能力强的企业，具有较强的知识积累能力，能够理解各种复杂的知识和技术问题，能够创造性地解决新知识的整合和应用问题，从而可减少高校和企业双方的沟通、交流、培训的次数与规模，克服高校知识转移的障碍，降低成本，不断提高校企合作创新绩效。因此，本书提出以下假设：

H24　企业知识吸收能力正向影响校企合作创新绩效。

王玉梅和林双（2012）认为，技术可以看作是知识的一种特殊形式，技术创新实质上就是知识创新，技术创新过程本质上是一种知识创新流，它包括知识创新构思的产生、开发、转移、商业化。技术创新是要解决企业生产经营中遇到的新问题，这就需要运用新的知识和方法，技术创新过程中复杂问题的解决、难关的攻克，特别是一些重大技术创新，更是涉及大量新知识、新技术的应用，仅靠企业自身解决技术创新过程中的新知识的需求问题是不可行的，毕竟任何企业的知识资源都是十分有限的，因而，拥有大量的技术人才和雄厚学科基础的高校，当然成为企业技术创新的主要知识源。

企业的技术创新能力越强，企业把握创新机会的动机和能力越强，企业越发追逐更多的技术创新机会（项目）和更多的重大技术创新，从而需要从高校获取更多的新知识，进而促进了校企合作创新。高校科研成果的转化过程是高校实验室成果经过中试，转化成企业生产的新产品、新工艺的过程。由于高校擅长技术知识的理论创新，企业对生产技术和市场更熟悉，因而，高校技术知识向企业的成功转移取决于企业如何将高校转移的技术知识应用于企业的生产经营的水平和能力，也即企业的技术创新能力。企业的技术创新能力越强，企业直接将高校的实验室成果转化应用于生产经营的能力越强，企业消化或转化的高校技术知识就越多，从而促进了高校知识向企业的扩散，提高了校企合作创新绩效。因此，本书提出以下假设：

H25　企业技术创新能力正向影响校企合作创新绩效。

综上所述，组织能力与校企合作创新绩效之间关系的概念模型如图3－6所示。

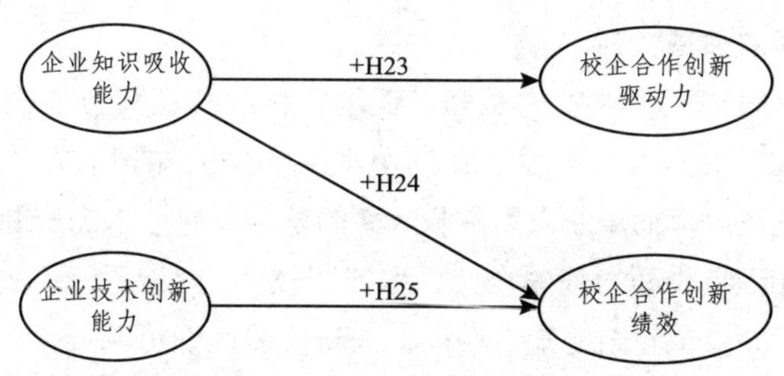

图3－6　组织能力与校企合作创新绩效之间的关系模型

3.7.2　知识吸收能力对企业冗余资源与校企合作创新驱动力之间关系的调节机理

企业的知识吸收能力越强，识别、获取和消化外部市场知识、技术知识的能力越强，从而积累了较多的企业物质冗余知识，对企业物质冗余的知识特征、创新价值认识更深刻。企业的知识吸收能力越强，越有可能消化吸收外部技术找到提高企业物质资源利用效率，产生更多的物质冗余，促进了校企合作创新的形成。知识吸收能力强的企业，可以识别、获取和消化较多的行业内标杆企业、竞争对手的物质资源开发利用水平的信息，据此准确判断企业物质资源效率的差距及企业物质冗余的存量，进一步突出了企业物质冗余通过校企合作创新转化为企业经济产出的压力、途径、迫切性，从而加大了物质冗余驱动校企合作创新的推动力。知识吸收能力强的企业，识别、理解、消化高校技术知识的能力越强，能更快、更好地吸收与企业物质冗余相关的高校技术知识，使企业物质冗余知识与高校技术知识产生快速匹配，从而建立起校企合作创新关系，因而，企业知识吸收能力加大了物质冗余驱动校企合作创新的推动力。由此，本书提出以下假设：

H26　企业知识吸收能力正向调节物质冗余与校企合作创新驱动力之间的关系。

企业的知识吸收能力越强，识别、获取和消化行业内先进企业、竞争对手的人力资源开发利用水平相关的知识信息的能力越强，越能正确评估企业人力资源效率的差距及企业人力资源的冗余程度。知识吸收能力强的企业，积累了较多的人力资源冗余知识，对企业人力资源冗余的知识特征、创新价值认识更深刻，企业知识吸收能力越强，发现的企业人力资源冗余越多，企业人力资源的冗余程度越严重，加剧了企业人力资源冗余通过校企合作创新转化为企业经济产出的压力、紧迫性，从而进一步推动了校企合作创新的形成。企业知识吸收能力越强，识别、理解、消化高校技术知识的能力越强，能更快、更好地吸收与企业人力资源冗余相关的高校技术知识，使企业人力资源冗余知识与高校技术知识产生快速匹配，从而建立起校企合作创新关系；知识吸收能力强的企业，会想方设法找到提高企业人力资源效率的方法，从而产生更多的人力资源冗余，促进了校企合作创新的形成，因此，企业知识吸收能力加大了人力资源冗余驱动校企合作创新的推动力。由此，本书提出以下假设：

H27　企业知识吸收能力正向调节人力资源冗余与校企合作创新驱动力之间的关系。

企业的知识吸收能力越强，识别、获取和消化国内外财务资源开发利用水平先进企业的知识信息的能力越强，从而正确评估企业财务资源效率的差距，进一步发现更多的企业财务冗余，发现的企业财务冗余越多，企业财务冗余程度就越严重，提高企业财务资源效率的压力就越大，加剧了通过校企合作创新将企业财务冗余转化为企业经济产出的紧迫性，从而进一步推动了校企合作创新的形成。企业知识吸收能力越强，识别、理解、消化高校技术知识的能力也越强，越能快速发现合适的能有效开发利用企业财务冗余的高校合作技术，从而建立起校企合作创新关系；知识吸收能力强的企业，会想方设法找到提高企业财务资源效率的方法，从而产生更多的财务冗余，进一步推动了校企合作创新的形成，因此，企业知识吸收能力加大了财务冗余驱动校企合作创新的推动力。由此，本书提出以下假设：

H28　企业知识吸收能力正向调节财务冗余与校企合作创新驱动力之间的关系。

企业的知识吸收能力越强，识别、获取和消化行业内先进技术知识信息的能力越强，越能正确评估企业技术的多用途及新价值，进而发现更多的企业技术冗余。知识吸收能力强的企业，发现的企业技术冗余更多，企业技术冗余程度就更严重，加剧了企业技术冗余通过校企合作创新转化为企业经济产出的压力和紧迫性，促使企业尽快与高校合作创新。企业知识吸收能力越强，识别、理解、消化高校技术知识的能力也越强，越能更快、更好地吸收与企业技术冗余相关的高校技术知识，找到有效开发利用企业技术冗余的合作高校技术，从而建立起校企合作创新关系。知识吸收能力强的企业，知识储备和技术积累丰厚，对企业技术冗余的知识特征、创新价值认识更深刻，会想方设法找到提高企业技术生产效率的方法，从而产生更多的技术冗余，促进了校企合作创新的形成，因此，企业知识吸收能力加大了技术冗余驱动校企合作创新的推动力。由此，本书提出以下假设：

H29　企业知识吸收能力正向调节技术冗余与校企合作创新驱动力之间的关系。

综上所述，企业知识吸收能力调节企业冗余资源与校企合作创新驱动力之间关系的概念模型如图 3－7 所示。

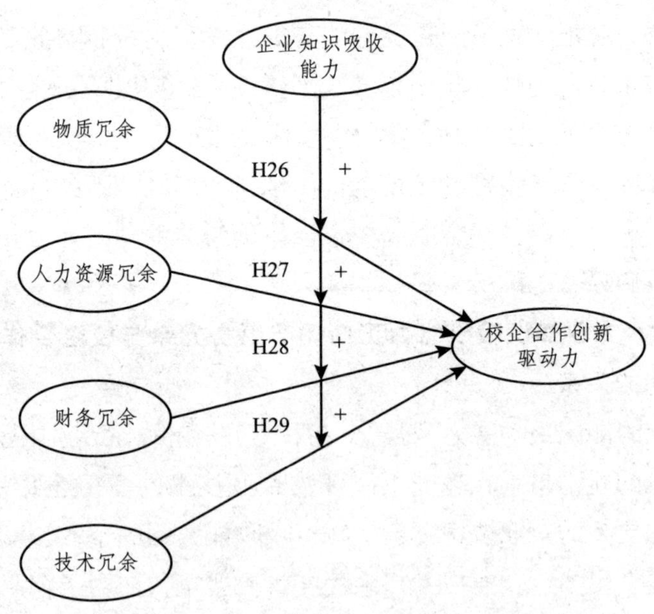

图 3－7　企业知识吸收能力对企业冗余资源与校企合作创新驱动力之间关系的调节机理模型

3.7.3 知识吸收能力对企业冗余资源与校企合作创新绩效之间关系的调节机理

企业的知识吸收能力越强，识别、获取和消化外部市场知识、技术知识的能力越强，积累的企业物质冗余知识越多，对企业物质冗余的知识特征、创新价值的认识越深刻，从而在校企合作创新过程中，可以选择最佳方式将企业物质冗余知识与高校合作技术知识进行有效整合，产生更具价值的合作创新成果，进一步提高了校企合作创新绩效。知识吸收能力强的企业，总能识别、获取和消化较多的行业内先进企业的物质冗余开发利用知识，并快速将这些知识应用于校企合作创新，加快了物质冗余转化为企业创新产出的进程。企业的知识吸收能力越强，识别、获取和消化与物质冗余相关的产品市场知识越多，对与企业物质冗余相关的企业产品市场的理解越深入，从而产生更好地与物质冗余相关的产品技术创意，使校企合作创新开发的产品技术更符合市场需要，在市场上获得更大的成功。因此，本书提出以下假设：

H30 企业知识吸收能力正向调节物质冗余与校企合作创新绩效之间的关系。

企业的知识吸收能力越强，识别、获取和消化外部市场知识、技术知识的能力越强，从而使企业具有更多的技术创新相关的知识储备和技术积累，增加了校企合作创新项目相关的技术积累，有利于校企合作创新；知识吸收能力强的企业，同化外部知识的能力越强，从而可以通过快速吸收和消化外部知识，将结构性的人力资源冗余快速培养成校企合作创新所需要的专业人才，或转化为校企合作创新所需要的知识资源，促进了校企合作创新；知识吸收能力强的企业，在校企合作创新过程中，识别、理解、消化高校技术知识的能力越强，能更快、更好地吸收高校技术知识，使企业投入校企合作创新的人力资源冗余与高校技术知识快速匹配，有效地促进了人力资源冗余转化为校企合作创新产出，因此，本书提出以下假设：

H31　企业知识吸收能力正向调节人力资源冗余与校企合作创新绩效之间的关系。

知识吸收能力强的企业很容易将外部市场知识、技术知识与内部创新资源进行有效整合，不断增强企业自主创新能力，因而，知识吸收能力强的企业，更倾向于将更多的财务冗余投入企业知识吸收能力建设，以不断增强企业的独立自主的技术开发能力，从而减少了投向校企合作创新的财务冗余。知识吸收能力强的企业，更加关注企业的人才培养，更倾向于将财务冗余投向企业的技术创新人才队伍的建设，不断增强企业的自主创新能力；知识吸收能力强的企业，能够快速反应外部环境的变化，迅速甄别可以依靠企业自主创新能力解决的投入少、见效快的技术创新项目，并将企业的财务冗余优先保障这些项目的投入，从而减少了校企合作创新的投入，降低了校企合作创新绩效，因此，本书提出以下假设：

H32　企业知识吸收能力负向调节财务冗余与校企合作创新绩效之间的关系。

企业的知识吸收能力越强，识别、获取和消化外部市场知识、技术知识的能力越强，能够快速理解和把握业内高校技术知识，从而可选择更多、更好地与企业技术冗余匹配的高校合作技术，产生更多、更好的校企合作创新成果。企业的知识吸收能力越强，积累了的技术冗余知识越多，对企业技术冗余的知识特征、创新价值的认识越深刻，从而在校企合作创新过程中，可以选择最佳方式将企业技术冗余知识与高校合作技术知识进行有效整合，产生更具价值的合作创新成果，提高了校企合作创新绩效。知识吸收能力强的企业，总能识别、获取和消化较多的与企业技术冗余相关的行业内先进企业技术及其商业化知识，并快速将这些知识应用于校企合作创新，加快了企业技术冗余转化为企业创新产出的进程。企业的知识吸收能力越强，识别、获取和消化与企业技术冗余相关的产品市场知识越多，对与企业技术冗余相关的企业产品市场的理解越深入，从而产生更好地与技术冗余相关的产品技术创意，使校企合作创新开发的产品技术更符合市场需要，在市场上获得更大的成功。因此，本书提出以下假设：

H33 企业知识吸收能力正向调节技术冗余与校企合作创新绩效之间的关系。

综上所述，企业知识吸收能力调节企业冗余资源与校企合作创新绩效之间关系的概念模型如图3－8所示。

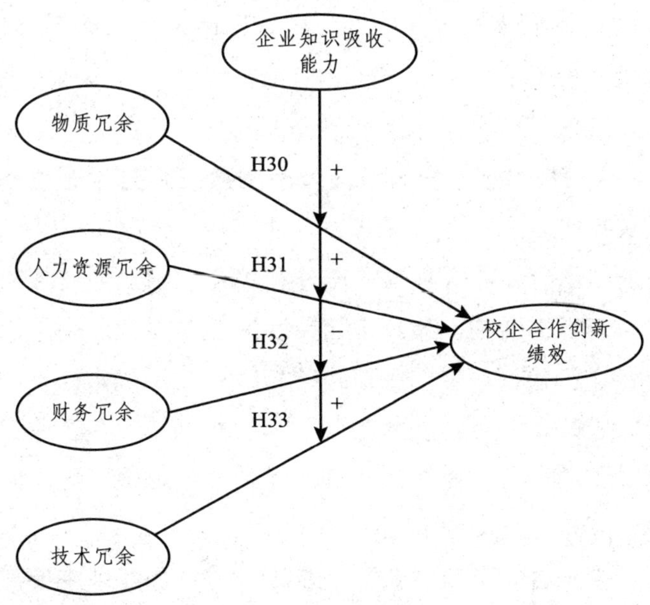

图3－8 企业知识吸收能力对企业冗余资源与校企合作创新绩效之间关系的调节机理模型

3.7.4 技术创新能力对企业冗余资源与校企合作创新绩效之间关系的调节机理

企业的技术创新能力越强，充分利用企业的物质资源支持企业技术创新的能力越强，在企业自主创新政策的激励驱动下，企业的物质冗余会源源不断地流向企业主导的技术创新活动，从而减少了投向校企合作创新的物质冗余，降低了校企合作创新绩效。企业的物质冗余主要来源于设备冗余、材料废弃、经营场地闲置等，企业利用物质冗余的技术创新主要涉及产品技术及工艺的改进，由于企业的技术创新能力强，一般的产品技术及工艺改进方面的创新，企业自己可以独立完成，因而，只有那些重大技术改进项目（如重大设备及工艺改造，需要技术力量强、整合资源多）才会选择校企合作创新，这样，企业就减少了校企合作创新，并且，技术创新能力强的企业，大力支持独立自主的技术创新活动，相对减少了对合作创新项目的支持，从而降低了校企合作创新绩效。因此，本书提出以下假设：

H34 企业技术创新能力负向调节物质冗余与校企合作创新绩效之间的关系。

企业的技术创新能力越强，充分利用企业的人力资源支持企业开发出符合市场需要的产品及工艺技术的能力越强。由于信息不对称，校企合作创新存在委托代理问题和较多的不确定性，因而，技术创新能力强的企业更倾向独立自主的技术创新，在企业自主创新政策的激励驱动下，企业的人力资源冗余会源源不断地流向企业主导的技术创新活动，从而减少了投向校企合作创新的人力资源冗余，降低了校企合作创新绩效。企业的人力资源冗余主要来源于企业业务变化、效率提升等导致的一些部门的人员富余，显然，将与企业现有业务相关的人力资源冗余配置到那些一般的产品技术及工艺改进方面的创新活动，技术创新能力强的企业自己可以独立完成，也容易成功，但对于那些业务淘汰下来的结构性人力资源冗余，由于转化为企业创新产出的难度大，企业才不得不寻求与高校合作创新来开发利用这些人力资源冗余，这样，企业就减少了校企合作创新，并加大了校企合作创新的难度，从而降低了校企合作创新绩效。因此，本书提出以下假设：

H35　企业技术创新能力负向调节人力资源冗余与校企合作创新绩效之间的关系。

技术创新能力强的企业，对不确定性的校企合作创新项目的市场、技术的认识更深刻、准确，对合作创新过程中的风险评估更准确、准备更充分，能够抓住合作创新的关键，因而，可以将有限的财务冗余投资于价值大、风险相对较小的校企合作创新项目，并有效掌控校企合作创新过程，想方设法提高校企合作创新绩效。技术创新能力强的企业，更具有雄心、胆略、自信，追求具有重大价值和发展前景的校企合作创新项目的开发，因而会集中企业有限的财务冗余确保这些合作创新项目的成功。方润生（2008）认为，技术创新能力强的企业，效益好、财务冗余多，因而，可以投入更多的财务冗余购买、委托开发、合作开发更多的高校技术成果，充足的财务冗余，可以确保一些重大合作创新项目的成功，提高了校企合作创新绩效。因此，本书提出以下假设：

H36　企业技术创新能力正向调节财务冗余与校企合作创新绩效之间的关系。

企业的技术冗余主要来源于多余的专利技术、技术诀窍、技术秘密等，这些技术只要不是淘汰的落后技术，就可以通过进一步的开发完善转化为企业的经济产出。企业的技术创新能力越强，充分利用企业技术冗余开发出满足市场需要的产品及工艺技术的能力越强，在企业自主创新激励政策的驱动下，企业创新人员追求自我价值实现，企业技术冗余会源源不断地转化为企业的创新产出，从而减少了投向校企合作创新的技术冗余，降低了校企合作创新绩效。企业利用技术冗余的技术创新主要涉及将技术冗余应用于现有产品技术及工艺的改进或新产品开发，由于企业的技术创新能力强，一般的现有产品技术及工艺的改进和新产品开发，企业自己可以独立完成，因而，只有那些技术难度大的现有产品技术及工艺的改进和新产品开发才会选择校企合作创新，这样，企业就减少了校企合作创新，并且，技术创新能力强的企业，由于独立自主的技术创新活动占据了较多的技术力量，就相对减少了对合作创新项目的技术力量的支持，从而降低了校企合作创新绩效。因此，本书提出以下假设：

H37　企业技术创新能力负向调节技术冗余与校企合作创新绩效之间的关系。

综上所述，企业技术创新能力调节企业冗余资源与校企合作创新绩效之间关系的概念模型如图 3－9 所示。

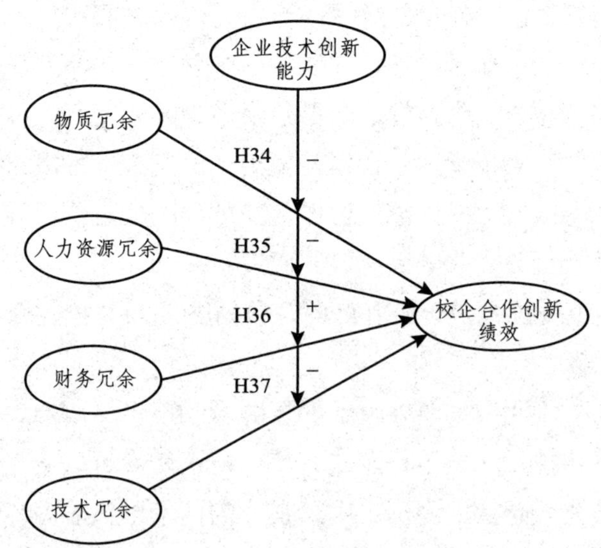

图 3－9　企业技术创新能力对企业冗余资源与校企合作创新绩效之间关系的调节机理模型

第 4 章 研究方法

4.1　样本与数据收集

本书主要通过对具有校企合作经验的国内制造企业的问卷调查来收集研究数据，采用电子版问卷和纸质版问卷相结合的方式，共发放问卷 268 份，回收有效问卷 146 份，有效回收率为 54.5%。问卷调查涉及河南、湖南、湖北、广东、浙江等国内 15 个省市的机械制造、电力电子设备、仪器仪表、建筑材料、食品加工等行业。在受访者中，职务分布情况是：基层经理 17.8%、中层经理 39.1%、高层经理 30.1%、中高级技术人员 13.0%，学历分布情况是：中专 6.2%、大专 23.3%、本科 64.3%、硕士 6.2%，受访者在企业工作时间较长（平均 9.49 年），熟悉企业的校企合作创新情况。

表4－1　　被访者统计特征分布

分类	特征	百分比（%）
职务	基层经理	17.8
	中层经理	39.1
	高层经理	30.1
	中高级技术人员	13.0
文化程度	中专	6.2
	大专	23.3
	本科	64.3
	硕士	6.2

4.2　变量测度

4.2.1　自变量

物质冗余。根据前面对物质冗余的定义，本书侧重从企业管理感知的具体形态的物质资源的利用情况来测度物质冗余，设计了3个题项：①企业的主要设备闲置太多；②企业生产经营的废料未充分利用；③企业的经营场地（厂房）未充分利用。

人力资源冗余。现有文献有关人力资源冗余的测度主要从企业人员的数量富余情况（例如，Mishina et al，2004；Lecuona & Reitzig，2014；钟和平，2016）、企业人力资源的变化（例如，钟和平等，2009）等方面来测量，本书采用钟和平（2016）从企业管理感知的企业总体、部门、岗位人员的富余数量情况来测量企业的人力资源冗余，采用如下3个题项：①企业人员富余太多；②企业主要部门的人员富余太多；③企业重要岗位的人员非常丰裕。

财务冗余。现有文献有关财务冗余的测度主要采用财务数据（例如，Mishina et al，2004）、管理感知（例如，钟和平，2008，2015）等方法来测量，本书借鉴钟和平（2008，2015）的研究，通过企业管理感知的超过企业现有业务实际需要的流动资金、无风险借贷能力的情况来测度财务冗余，设计了4个题项：①企业拥有足够现金；②企业的融资能力很强；③企业的债务水平很低；④企业经营决策时，常常感到资金供给非常充足。

技术冗余。按照我们前面的分析，技术冗余实质上就是企业的技术资源没有充分利用的部分，我们通过企业管理感知的没有充分利用的企业技术资源的情况来测度企业的技术冗余，设计了4个题项：①企业拥有的技术储备很多；②企业拥有的专利技术很多；③企业掌握的技术诀窍很多；④企业主要设备的技术性很强。

各自变量的测量题项及来源如表4－2所示。

表4－2　　企业冗余资源的测量题项及来源

测量变量	测量题项	题项来源
物质冗余	企业的主要设备闲置太多	本书根据相关文献设计
	企业生产经营的废料未充分利用	本书根据相关文献设计
	企业的经营场地（厂房）未充分利用	本书根据相关文献设计
人力资源冗余	企业人员富余太多	钟和平（2016）
	企业主要部门的人员富余太多	钟和平（2016）
	企业重要岗位的人员非常丰裕	钟和平（2016）
财务冗余	企业拥有足够现金	钟和平（2008，2015）
	企业的融资能力很强	根据钟和平（2008，2015）改写

续表

测量变量	测量题项	题项来源
财务冗余	企业的债务水平很低	根据 Smith 和 Kim（1994）相关理论设计
	企业经营决策时，常常感到资金供给非常充足	钟和平（2008，2015）
技术冗余	企业拥有的技术储备很多	本书根据相关文献设计
	企业拥有的专利技术很多	本书根据相关文献设计
	企业掌握的技术诀窍很多	本书根据相关文献设计
	企业主要设备的技术性很强	本书根据相关文献计

4.2.2 因变量

校企合作创新驱动力（简称合作驱动）。根据我们前面的分析，校企合作创新驱动力主要来源于市场驱动、技术驱动、资源驱动，据此，本书通过企业管理感知的市场需求与竞争、技术环境、企业资源情况对驱动校企合作创新的影响情况来测量校企合作创新驱动力，设计了13个题项：①企业设备、原材料富余较多，需要通过校企合作开发其价值；②企业人力资源富余较多，需要通过校企合作开发其价值；③企业财务资金富余较多，需要通过校企合作开发其价值；④企业有充足的资源，校企合作创新能加快我企业的发展；⑤企业的技术水平较低，需要通过校企合作来提高；⑥若不与高校合作，我们的技术就要被淘汰；⑦新产品开发的不确定性较大，与高校合作降低了风险；⑧新技术的出现使我们不得不与高校合作，⑨与高校合作创新能抓住我们发现的市场机会；⑩市场需求的变化促使我们与高校合作来应对；⑪顾客需求变化太快，我们需要与高校合作才能适应；⑫国内市场竞争促使我们与高校合作；⑬竞争对手在与高校合作，我们也与高校合作。

校企合作创新稳定性（简称合作稳定）。校企合作创新稳定性是高校和企业一如既往地长期合作、共同发展的状态，借鉴宋晶等（2014）的研究，我们通过企业管理感知的校企合作创新的合作情况来测量校企合作创新稳定性，采用了4个题项：①我们已经与合作高校合作了较长时间；②我们愿意与现有合作高校持续保持合作创新关系；③如果可以重新选择，我们仍然会选择现在的合作高校；④我们与合作高校的合作关系非常愉快。

校企合作创新绩效（简称合作绩效）。借鉴前人的研究（例如，陈光华和杨国梁，2015），我们通过企业管理感知的校企合作创新的产出成果与竞争对手的相对水平来测量校企合作创新绩效，设计了6个题项：①联合申报各级政府科技项目；②联合申请专利；③企业与合作高校成交的技术转让或咨询合同；④共建研发机构（实验室）；⑤联合开发项目；⑥联合培养技术人才。

看重合作高校技术（简称看重技术）。借鉴前人的研究（例如，Hamel& Prahalad，2001；崔新健和宫亮亮，2008），我们通过企业管理感知的企业在选择合作高校时看重技术的属性因素的程度来测量看重合作高校技术，设计了5个题项：①高校技术的市场适应性；②高校技术的时效性；③高校拥有知识产权的质和量；④合作技术的互补性；⑤合作技术与原技术的兼容性。

看重合作高校专家（简称看重专家）。借鉴前面的分析和相关文献的研究（例如，Hamel & Prahalad，2001；崔新健和宫亮亮，2008），我们通过企业管理感知的企业在选择合作高校时看重专家的特征因素的程度来测量看重合作高校专家，设计了5个题项：①合作高校的声誉；②合作高校有完善的鼓励校企合作的激励制度；③合作专家的专业能力；④合作专家的态度、动机、理念；⑤合作专家的工作效率。

各因变量的测量题项及来源如表4－3、表4－4和表4－5所示。

表4－3　　校企合作创新驱动力的测量题项及来源

测量变量	测量题项	题项来源
资源驱动	企业设备、原材料富余较多，需要通过校企合作开发其价值	本书根据相关文献设计
	企业人力资源富余较多，需要通过校企合作开发其价值	本书根据相关文献设计
	企业财务资金富余较多，需要通过校企合作开发其价值	本书根据相关文献设计
	企业有充足的资源，校企合作创新能加快企业的发展	本书根据相关文献设计
技术驱动	企业的技术水平较低，需要通过校企合作来提高	本书根据相关文献设计
	若不与高校合作，我们的技术就要被淘汰	本书根据相关文献设计
	新产品开发的不确定性较大，与高校合作降低了风险	本书根据相关文献设计
	新技术的出现使我们不得不与高校合作	本书根据相关文献设计
市场驱动	与高校合作创新能抓住我们发现的市场机会	本书根据相关文献设计
	市场需求的变化促使我们与高校合作来应对	本书根据相关文献设计
	顾客需求变化太快，我们需要与高校合作才能适应	本书根据相关文献设计
	国内市场竞争促使我们与高校合作	本书根据相关文献设计
	竞争对手在与高校合作，我们也与高校合作	本书根据相关文献设计

表4-4　　校企合作创新绩效与稳定性的测量题项及来源

测量变量	测量题项	题项来源
校企合作创新绩效	联合申报各级政府科技项目	本书根据相关文献设计
	联合申请专利	根据陈光华和杨国梁（2015）设计
	企业与合作高校成交的技术转让或咨询合同	本书根据相关文献设计
	共建研发机构（实验室）	本书根据相关文献设计
	联合开发项目	本书根据相关文献设计
	联合培养技术人才	本书根据相关文献设计
校企合作创新稳定性	我们已经与合作高校合作了较长时间	宋晶等（2014）
	我们愿意与现有合作高校持续保持合作创新关系	宋晶等（2014）
	如果可以重新选择，我们仍然会选择现在的合作高校	宋晶等（2014）
	我们与合作高校的合作关系非常愉快	宋晶等（2014）

表4-5　　选择高校伙伴时看重的因素的测量题项及来源

测量变量	测量题项	题项来源
看重技术	高校技术的市场适应性	Hamel 和 Prahalad（2001）；崔新健和宫亮亮（2008）
	高校技术的时效性	Lewis（1990）；Hagedoorn 和 Schakenraad（1994）；崔新健和宫亮亮（2008）
	高校拥有知识产权的质和量	尹雪英和黄瑞华（2003）；崔新健和宫亮亮（2008）
	合作技术的互补性	Lewis（1990）；De la Sierra（1995）；崔新健和宫亮亮（2008）
	合作技术与原技术的兼容性	崔新健和宫亮亮（2008）

续表

测量变量	测量题项	题项来源
看重专家	合作高校的声誉	本书根据相关文献设计
	合作高校有完善的鼓励校企合作的激励制度	本书根据相关文献设计
	合作专家的专业能力	本书根据相关文献设计
	合作专家的态度、动机、理念	本书根据相关文献设计
	合作专家的工作效率	本书根据相关文献设计

4.2.3 调节变量

知识吸收能力。借鉴苏中锋和李嘉（2014）的研究，本书通过企业管理感知的企业识别、理解、消化吸收外部知识的能力情况来测度企业的知识吸收能力，采用如下4个题项：①识别企业外部市场、技术的知识的能力强；②理解企业外部市场、技术的知识的能力强；③评估企业外部市场、技术的知识的能力强；④企业对外部市场、技术知识进行消化吸收的能力强。

技术创新能力。企业投入研发的人员和经费反映了企业的技术创新能力（Bound et al，1984；Wang et al，2005；陈钰芬，2013；李山，2013），借鉴前人的研究，我们通过企业管理感知的研发投入在行业内的相对水平来测度企业的技术创新能力，设计了4个题项：①企业研发经费投入占年销售收入的比重；②企业研发人员；③企业研发经费支出；④用于产品开发的研发经费支出。

各调节变量的测量题项及来源如表4－6所示。

表4-6 调节变量的测量题项及来源

测量变量	测量题项	题项来源
知识吸收能力	识别企业外部市场、技术的知识的能力强	苏中锋和李嘉（2014）
	理解企业外部市场、技术的知识的能力强	苏中锋和李嘉（2014）
	评估企业外部市场、技术的知识的能力强	苏中锋和李嘉（2014）
	企业对外部市场、技术知识进行消化吸收的能力强	苏中锋和李嘉（2014）
技术创新能力	企业研发经费投入占年销售收入的比重	本书根据相关文献设计
	企业研发人员	陈钰芬（2013）
	企业研发经费支出	陈钰芬（2013）
	用于产品开发的研发经费支出	本书根据相关文献设计

4.2.4 控制变量

企业规模。不少学者的研究表明企业规模对校企合作创新有显著影响，因而，本研究从企业的资产总额、人数、销售额三个维度（每个维度分为5级）来测度企业规模，设计了3个题项：①企业近三年的年均销售额；②企业的员工人数；③企业的资产总额。

顾客环境。我们通过企业管理感知的企业顾客需求的改变情况来测量顾客环境，设计了4个题项：①顾客偏好的变化很快；②新顾客的需求与现有顾客的需求明显不同；③顾客的消费倾向很不容易预测；④顾客需求的变化很快。

技术环境。我们通过企业管理感知的企业所在行业的技术改变情况来测量技术环境，设计了3个题项：①行业内产品技术变化很快；②企业所处行业的技术容易被淘汰；③行业主导技术的变革和发展迅速。

竞争环境。我们通过企业管理感知的企业所在行业的竞争情况来测量竞争环境，设计了3个题项：①行业内的竞争非常激烈；②行业内的价格战频繁；③行业内新的竞争行为大量涌现。

4.2.5 逻辑回归因变量

技术交易模式。技术交易模式主要有：①技术转让；②委托开发；③技术咨询服务；④人才培养，企业选择这四种合作模式的任何一种，技术交易模式变量取值为1，否则取值为0。

合作研发模式。合作研发模式主要有：①联合项目开发；②共建研发机构（实验室）；③联合创办新企业；④资源（设备）共享，企业选择这四种合作模式的任何一种，合作研发模式变量取值为1，否则取值为0。

4.3 数据分析方法

4.3.1 因子分析与信度、效度检验

本书采用SPSS 20.0软件包进行探索性因子分析和信度、效度检验。探索性因子分析采用主成分分析法提取各量表测量题项的共同因子，采用KMO检验和Bartlett's Test of Sphericity检验各量表题项的相关性，采用Cronbach's α检验量表题项的内部一致性（即信度），采用因子载荷检验量表测量题项的效度。若各变量的KMO > 0.9，因子分析适合性极佳；KMO > 0.8，因子分析适合性良好；KMO > 0.7，因子分析适合性适中；KMO > 0.6，因子分析适合性普

通；KMO >0.5，因子分析适合性欠佳；KMO <0.5，因子分析适合性无法接受；Bartlett's Test of Sphericity 检验达到了显著性水平（Sig. < 0.05），适合进行因子分析（吴明隆，2011）。Cronbach's α >0.6，量表的信度较好；量表各题项的因子载荷均大于0.5，量表的结构效度较好（吴明隆，2011；王文亮和黄淑华，2012）。

4.3.2　自变量、调节变量、因变量之间内在关系检验

本书采用 SPSS 20.0 软件包进行统计分析。采用线性回归分析方法对企业冗余资源与校企合作创新驱动力、校企合作创新伙伴选择、校企合作创新稳定性、校企合作创新绩效之间的关系假设进行检验；采用线性回归分析方法对企业知识吸收能力、技术创新能力与校企合作创新驱动力、校企合作创新绩效之间的关系假设进行检验；采用逻辑回归模型对企业冗余资源与校企合作创新模式之间关系假设进行检验；采用温忠麟和侯杰泰等（2005）提出的调节效应分析方法对企业知识吸收能力、技术创新能力对企业冗余资源与校企合作创新之间关系的调节效应假设进行检验。本研究采用的统计分析方法，是目前有关实证研究文献广泛使用的分析方法，成熟可靠，并且，在线性回归分析中，采用方差膨胀因子法（VIF）对各自变量进行多重共线性的检验，以保障研究结论的可信。

第5章 实证分析

5.1 信度与效度分析

表5-1是自变量的因子分析、信度和效度检验结果。

表5-1 自变量的因子分析与信度检验

<table>
<tr><th colspan="2">因子</th><th>测量题项</th><th>共同度</th><th>因子载荷</th><th>信度检验</th></tr>
<tr><td rowspan="6">企业冗余资源</td><td rowspan="3">物质冗余</td><td>企业的主要设备闲置太多</td><td>0.631</td><td>0.794</td><td rowspan="3">Cronbach's α=0.768
解释方差百分比=68.319%
KMO=0.691
Sig. =0.000</td></tr>
<tr><td>企业生产经营的废料未充分利用</td><td>0.705</td><td>0.839</td></tr>
<tr><td>企业的经营场地（厂房）未充分利用</td><td>0.714</td><td>0.845</td></tr>
<tr><td rowspan="3">人力冗余</td><td>企业人员富余太多</td><td>0.765</td><td>0.875</td><td rowspan="3">Cronbach's α=0.774
解释方差百分比=70.116%
KMO=0.576
Sig. =0.000</td></tr>
<tr><td>企业主要部门的人员富余太多</td><td>0.864</td><td>0.930</td></tr>
<tr><td>企业重要岗位的人员非常丰裕</td><td>0.475</td><td>0.689</td></tr>
</table>

续表

<table>
<tr><th colspan="2">因子</th><th>测量题项</th><th>共同度</th><th>因子载荷</th><th>信度检验</th></tr>
<tr><td rowspan="8">企业冗余资源</td><td rowspan="4">财务冗余</td><td>企业拥有足够现金</td><td>0.747</td><td>0.864</td><td rowspan="4">Cronbach's α =0.839
解释方差百分比 =67.435%
KMO =0.790
Sig. =0.000</td></tr>
<tr><td>企业的融资能力很强</td><td>0.569</td><td>0.754</td></tr>
<tr><td>企业的债务水平很低</td><td>0.623</td><td>0.789</td></tr>
<tr><td>企业经营决策时，常常感到资金供给非常充足</td><td>0.758</td><td>0.871</td></tr>
<tr><td rowspan="4">技术冗余</td><td>企业拥有的技术储备很多</td><td>0.721</td><td>0.849</td><td rowspan="4">Cronbach's α =0.869
解释方差百分比 =71.899%
KMO =0.820
Sig. =0.000</td></tr>
<tr><td>企业拥有的专利技术很多</td><td>0.721</td><td>0.849</td></tr>
<tr><td>企业掌握的技术诀窍很多</td><td>0.754</td><td>0.869</td></tr>
<tr><td>企业主要设备的技术性很强</td><td>0.680</td><td>0.824</td></tr>
</table>

由表5-1可知：

物资冗余的KMO =0.691（Sig. =0.000），大于0.5，适合进行因子分析；Cronbach's α =0.768，大于0.6，量表的信度好；三个测量题项的因子载荷分别为0.794、0.839、0.845，均大于0.5，解释方差百分比 =68.319%，大于50%，量表的结构效度好（吴明隆，2011）。

人力资源冗余的KMO =0.576（Sig. =0.000），大于0.5，基本适合进行因子分析；Cronbach's α =0.774，大于0.6，量表的信度好；三个测量题项的因子载荷分别为0.875、0.930、0.689，均大于0.5，解释方差百分比 =70.116%，大于50%，量表的结构效度好（吴明隆，2011）。

财务冗余的KMO =0.790（Sig. =0.000），大于0.5，适合进行因子分析；Cronbach's α =0.839，大于0.6，量表的信度好；四个测量题项的因子载荷分别为0.864、0.754、0.789、0.871，均大于0.5，解释方差百分比 =67.435%，大于50%，量表的结构效度好（吴明隆，2011）。

技术冗余的 KMO = 0. 820 （Sig. = 0. 000），大于 0. 5，适合进行因子分析；Cronbach's α = 0. 869，大于 0. 6，量表的信度好；四个测量题项的因子载荷分别为 0. 849、0. 849、0. 869、0. 824，均大于 0. 5，解释方差百分比 = 71. 899%，大于 50%，量表的结构效度好（吴明隆，2011）。

表 5 – 2 是调节变量的因子分析、信度和效度检验结果。

表 5 – 2　　调节变量的因子分析与信度检验

因子		测量题项	共同度	因子载荷	信度检验
组织能力	企业知识吸收能力	识别企业外部市场、技术的知识的能力强	0. 759	0. 871	Cronbach's α = 0. 920 解释方差百分比 = 81. 077% KMO = 0. 826 Sig. = 0. 000
		理解企业外部市场、技术的知识的能力强	0. 858	0. 926	
		评估企业外部市场、技术的知识的能力强	0. 779	0. 882	
		企业对外部市场、技术知识进行消化吸收的能力强	0. 845	0. 919	
	企业技术创新能力	企业研发经费投入占年销售收入的比重	0. 804	0. 897	Cronbach's α = 0. 942 解释方差百分比 = 85. 327% KMO = 0. 854 Sig. = 0. 000
		企业研发人员	0. 862	0. 928	
		企业研发经费支出	0. 847	0. 921	
		用于产品开发的研发经费支出	0. 900	0. 949	

由表 5 – 2 可知：

企业知识吸收能力的 KMO = 0. 826 （Sig. = 0. 000），大于 0. 5，适合进行因子分析；Cronbach's α = 0. 920，大于 0. 6，量表的信度

好；四个测量题项的因子载荷分别为0.871、0.926、0.882、0.919，均大于0.5，解释方差百分比=81.077%，大于50%，量表的结构效度好（吴明隆，2011）。

企业技术创新能力的KMO=0.854（Sig. =0.000），大于0.5，适合进行因子分析；Cronbach's α=0.942，大于0.6，量表的信度好；三个测量题项的因子载荷分别为0.897、0.928、0.921、0.949，均大于0.5，解释方差百分比=85.327%，大于50%，量表的结构效度好（吴明隆，2011）。

表5-3是因变量（1）的因子分析、信度和效度检验结果。

表5-3　　因变量的因子分析与信度检验（1）

<table>
<tr><th colspan="2">因子</th><th>测量题项</th><th>共同度</th><th>因子载荷</th><th>信度检验</th></tr>
<tr><td rowspan="10">校企合作创新</td><td rowspan="6">校企合作创新绩效</td><td>联合申报各级政府科技项目</td><td>0.790</td><td>0.889</td><td rowspan="6">Cronbach's α=0.951
解释方差百分比=80.486%
KMO=0.889
Sig. =0.000</td></tr>
<tr><td>联合申请专利</td><td>0.785</td><td>0.886</td></tr>
<tr><td>企业与合作高校成交的技术转让或咨询合同</td><td>0.856</td><td>0.925</td></tr>
<tr><td>共建研发机构（实验室）</td><td>0.822</td><td>0.907</td></tr>
<tr><td>联合开发项目</td><td>0.832</td><td>0.912</td></tr>
<tr><td>联合培养技术人才</td><td>0.745</td><td>0.863</td></tr>
<tr><td rowspan="4">校企合作创新稳定性</td><td>我们已经与合作高校合作了较长时间</td><td>0.772</td><td>0.878</td><td rowspan="4">Cronbach's α=0.933
解释方差百分比=83.549%
KMO=0.845
Sig. =0.000</td></tr>
<tr><td>我们愿意与现有合作高校持续保持合作创新关系</td><td>0.860</td><td>0.927</td></tr>
<tr><td>如果可以重新选择，我们仍然会选择现在的合作高校</td><td>0.855</td><td>0.924</td></tr>
<tr><td>我们与合作高校的合作关系非常愉快</td><td>0.856</td><td>0.925</td></tr>
</table>

由表 5 – 3 可知：

校企合作创新绩效的 KMO = 0. 889（Sig. = 0. 000），大于 0. 5，适合进行因子分析；Cronbach's α = 0. 951，大于 0. 6，量表的信度好；六个测量题项的因子载荷分别为 0. 889、0. 886、0. 925、0. 907、0. 912、0. 863，均大于 0. 5，解释方差百分比 = 80. 486%，大于 50%，量表的结构效度好（吴明隆，2011）。

校企合作创新稳定性的 KMO = 0. 845（Sig. = 0. 000），大于 0. 5，适合进行因子分析；Cronbach's α = 0. 933，大于 0. 6，量表的信度好；四个测量题项的因子载荷分别为 0. 878、0. 927、0. 924、0. 925，均大于 0. 5，解释方差百分比 = 83. 549%，大于 50%，量表的结构效度好（吴明隆，2011）。

表 5 – 4 是因变量（2）的因子分析、信度和效度检验结果。

表 5 – 4　因变量的因子分析与信度检验（2）

<table>
<tr><th colspan="2">因子</th><th>测量题项</th><th>共同度</th><th>因子载荷</th><th>信度检验</th></tr>
<tr><td rowspan="10">高校伙伴选择看重因素</td><td rowspan="5">看重合作高校技术</td><td>高校技术的市场适应性</td><td>0. 765</td><td>0. 875</td><td rowspan="5">Cronbach's α = 0. 920
解释方差百分比 = 75. 721%
KMO = 0. 826
Sig. = 0. 000</td></tr>
<tr><td>高校技术的时效性</td><td>0. 774</td><td>0. 880</td></tr>
<tr><td>高校拥有知识产权的质和量</td><td>0. 788</td><td>0. 888</td></tr>
<tr><td>合作技术的互补性</td><td>0. 761</td><td>0. 872</td></tr>
<tr><td>合作技术与原技术的兼容性</td><td>0. 698</td><td>0. 836</td></tr>
<tr><td rowspan="5">看重合作高校专家</td><td>合作高校的声誉</td><td>0. 704</td><td>0. 839</td><td rowspan="5">Cronbach's α = 0. 932
解释方差百分比 = 78. 745%
KMO = 0. 876
Sig. = 0. 000</td></tr>
<tr><td>合作高校有完善的鼓励校企合作的激励制度</td><td>0. 797</td><td>0. 893</td></tr>
<tr><td>合作专家的专业能力</td><td>0. 767</td><td>0. 876</td></tr>
<tr><td>合作专家的态度、动机、理念</td><td>0. 822</td><td>0. 907</td></tr>
<tr><td>合作专家的工作效率</td><td>0. 847</td><td>0. 921</td></tr>
</table>

由表5－4可知：

看重合作高校技术的KMO＝0.826（Sig.＝0.000），大于0.5，适合进行因子分析；Cronbach's α＝0.920，大于0.6，量表的信度好；五个测量题项的因子载荷分别为0.875、0.880、0.888、0.872、0.836，均大于0.5，解释方差百分比＝75.721%，大于50%，量表的结构效度好（吴明隆，2011）。

看重合作高校专家的KMO＝0.876（Sig.＝0.000），大于0.5，适合进行因子分析；Cronbach's α＝0.932，大于0.6，量表的信度好；五个测量题项的因子载荷分别为0.839、0.893、0.876、0.907、0.921，均大于0.5，解释方差百分比＝78.745%，大于50%，量表的结构效度好（吴明隆，2011）。

表5－5是因变量（3）的因子分析、信度和效度检验结果。

表5－5　　因变量的因子分析与信度检验（3）

因子		测量题项	共同度	因子载荷	信度检验
校企合作创新驱动力	资源驱动	企业设备、原材料富余较多，需要通过校企合作开发其价值	0.793	0.890	Cronbach's α＝0.880 解释方差百分比＝74.083% KMO＝0.779 Sig.＝0.000
		企业人力资源富余较多，需要通过校企合作开发其价值	0.862	0.928	
		企业财务资金富余较多，需要通过校企合作开发其价值	0.822	0.907	
		企业有充足的资源，校企合作创新能加快企业的发展	0.487	0.698	

续表

因子		测量题项	共同度	因子载荷	信度检验
校企合作创新驱动力	技术驱动	企业的技术水平较低，需要通过校企合作来提高	0.594	0.771	Cronbach's α =0.831 解释方差百分比 =66.620% KMO =0.759 Sig. =0.000
		若不与高校合作，我们的技术就要被淘汰	0.739	0.860	
		新产品开发的不确定性较大，与高校合作降低了风险	0.573	0.757	
		新技术的出现使我们不得不与高校合作	0.759	0.871	
	市场驱动	与高校合作创新能抓住我们发现的市场机会	0.547	0.740	Cronbach's α =0.857 解释方差百分比 =63.972% KMO =0.807 Sig. =0.000
		市场需求的变化促使我们与高校合作来应对	0.710	0.843	
		顾客需求变化太快，我们需要与高校合作才能适应	0.657	0.810	
		国内市场竞争促使我们与高校合作	0.724	0.851	
		竞争对手在与高校合作，我们也与高校合作	0.561	0.749	

由表 5 -5 可知：

资源驱动的 KMO =0.779（Sig. =0.000），大于 0.5，适合进行因子分析；Cronbach's α =0.880，大于 0.6，量表的信度好；四个测量题项的因子载荷分别为 0.890、0.928、0.907、0.698，均大于 0.5，解释方差百分比 =74.083%，大于 50%，量表的结构效度好（吴明隆，2011）。

技术驱动的 KMO =0.759（Sig. =0.000），大于 0.5，适合进

行因子分析；Cronbach's α =0.831，大于0.6，量表的信度好；四个测量题项的因子载荷分别为0.771、0.860、0.757、0.871，均大于0.5，解释方差百分比 =66.620%，大于50%，量表的结构效度好（吴明隆，2011）。

市场驱动的KMO =0.807（Sig. =0.000），大于0.5，适合进行因子分析；Cronbach's α =0.857，大于0.6，量表的信度好；五个测量题项的因子载荷分别为0.740、0.843、0.810、0.851、0.749，均大于0.5，解释方差百分比 =63.972%，大于50%，量表的结构效度好（吴明隆，2011）。

表5-6是校企合作创新驱动力的二次因子、信度和效度检验结果。

表5-6　校企合作创新驱动力的二次因子分析与信度检验

因子	测量题项	共同度	因子载荷	信度检验
校企合作创新驱动力	资源驱动	0.553	0.743	Cronbach's α =0.696 解释方差百分比 =62.268% KMO =0.658 Sig. =0.000
	技术驱动	0.637	0.798	
	市场驱动	0.678	0.823	

由表5-6可知：

校企合作创新驱动力的KMO =0.658（Sig. =0.000），大于0.5，适合进行因子分析；Cronbach's α =0.696，大于0.6，量表的信度好；三个因子的因子载荷分别为0.743、0.798、0.823，均大于0.5，解释方差百分比 =62.268%，大于50%，量表的结构效度好（吴明隆，2011）。

表5-7是控制变量的因子分析、信度和效度检验结果。

表 5－7　控制变量的因子分析与信度检验

因子		测量题项	共同度	因子载荷	信度检验
企业规模		企业近三年的年均销售额	0.902	0.950	Cronbach's α＝0.947 解释方差百分比＝90.694% KMO＝0.770 Sig. ＝0.000
		企业的员工人数	0.897	0.947	
		企业的资产总额	0.922	0.960	
企业经营环境	顾客环境	顾客偏好的变化很快	0.715	0.845	Cronbach's α＝0.844 解释方差百分比＝68.200% KMO＝0.808 Sig. ＝0.000
		新顾客的需求与现有顾客的需求明显不同	0.732	0.856	
		顾客的消费倾向很不容易预测	0.557	0.746	
		顾客需求的变化很快	0.724	0.851	
	技术环境	行业内产品技术变化很快	0.599	0.774	Cronbach's α＝0.659 解释方差百分比＝59.622% KMO＝0.638 Sig. ＝0.000
		企业所处行业的技术容易被淘汰	0.515	0.718	
		行业主导技术的变革和发展迅速	0.674	0.821	
	竞争环境	行业内的竞争非常激烈	0.697	0.835	Cronbach's α＝0.802 解释方差百分比＝72.222% KMO＝0.712 Sig. ＝0.000
		行业内的价格战频繁	0.736	0.858	
		行业内新的竞争行为大量涌现	0.734	0.857	

由表 5－7 可知：

企业规模的 KMO＝0.770（Sig. ＝0.000），大于 0.5，适合进行因子分析；Cronbach's α＝0.947，大于 0.6，量表的信度好；三个测量题项的因子载荷分别为 0.950、0.947、0.960，均大于 0.5，解释方差百分比＝90.694%，大于 50%，量表的结构效度好（吴明隆，2011）。

顾客环境的 KMO＝0.808（Sig. ＝0.000），大于 0.5，适合进

行因子分析；Cronbach's α = 0.844，大于0.6，量表的信度好；四个测量题项的因子载荷分别为0.845、0.856、0.746、0.851，均大于0.5，解释方差百分比 = 68.200%，大于50%，量表的结构效度好（吴明隆，2011）。

技术环境的KMO = 0.638（Sig. = 0.000），大于0.5，适合进行因子分析；Cronbach's α = 0.659，大于0.6，量表的信度好；三个测量题项的因子载荷分别为0.774、0.718、0.821，均大于0.5，解释方差百分比 = 59.622%，大于50%，量表的结构效度好（吴明隆，2011）。

市场环境的KMO = 0.712（Sig. = 0.000），大于0.5，适合进行因子分析；Cronbach's α = 0.802，大于0.6，量表的信度好；三个测量题项的因子载荷分别为0.835、0.858、0.857，均大于0.5，解释方差百分比 = 72.222%，大于50%，量表的结构效度好（吴明隆，2011）。

5.2 变量的描述性统计分析

表5－8、表5－9是各变量的均值、标准差和相关系数。

表5－8　　均值、标准差和相关系数（1）

变量	均值	标准差	1	2	3	4	5
1 企业规模	2.9887	1.14097	1				
2 物质冗余	2.3927	1.11051	0.164*	1			
3 人力冗余	2.3479	1.06246	0.337***	0.521**	1		
4 财务冗余	3.1841	1.08063	0.127	－0.119	0.004	1	

续表

变量	均值	标准差	1	2	3	4	5
5 技术冗余	3.4130	1.10157	0.232**	0.192*	0.267**	0.211*	1
6 合作驱动	3.1406	0.80135	−0.038	0.188*	0.316***	0.051	0.341***
7 看重技术	3.9004	1.00761	0.145+	−0.089	0.146+	0.022	0.286***
8 看重专家	4.0450	0.94015	−0.002	−0.126	0.006	0.097	0.286***
9 合作稳定	3.4840	1.28295	0.290***	0.104	0.313***	0.113	0.457**
10 合作绩效	2.9352	1.12836	0.347***	0.113	0.296***	0.172*	0.451***

注：*** $p<0.001$，** $p<0.01$，* $p<0.05$，+ $p<0.10$。

表5-9 均值、标准差和相关系数（2）

变量	均值	标准差	1	2	3	4	5
1 顾客环境	3.0220	1.05864	1				
2 技术环境	3.1202	0.94913	0.321***	1			
3 竞争环境	3.7330	1.03830	0.295***	0.318***	1		
4 知识吸收能力	3.8587	0.93440	0.100	0.330***	0.157+	1	
5 技术创新能力	3.2774	0.96317	−0.106	0.170*	−0.050	0.448***	1
6 合作驱动	3.1406	0.80135	0.050	0.197*	0.005	0.260**	0.265**
7 合作稳定	3.4840	1.28295	0.014	0.029	−0.014	0.371***	0.345***
8 合作绩效	2.9352	1.12836	0.038	0.029	−0.186*	0.259**	0.487***

注：*** $p<0.001$，** $p<0.01$，* $p<0.05$，+ $p<0.10$。

由表5-8、表5-9可知：

物质冗余、人力资源冗余、财务冗余、技术冗余的均值分别为2.3927、2.3479、3.1841、3.4130，企业物质冗余、人力资源冗余水平平均偏低，企业财务冗余、技术冗余平均中等。

校企合作创新驱动力、看重合作高校技术、看重合作高校专家、校企合作创新稳定性、校企合作创新绩效的均值分别为3.1406、3.9004、4.0450、3.4840、2.9352，校企合作创新驱动力平均中等，校企合作创新绩效平均偏低，看重合作高校技术、看重合作高校专家平均中等。

企业知识吸收能力、企业技术创新能力的均值分别为3.8587、3.2774，企业知识吸收能力、企业技术创新能力平均中等，平均而言，企业知识吸收能力水平高于企业技术创新能力水平。

企业规模、顾客环境、技术环境、竞争环境的均值分别为2.9887、3.0220、3.1202、3.7330，企业规模总体偏小，企业所在行业的市场需求变化、技术变化平均速度中等、竞争激烈程度平均中等。

除了人力资源冗余与物质冗余的相关系数为0.521外，其他变量之间的相关系数均小于0.5，多重共线性问题很小或没有（吴明隆，2011）。

5.3 不同类型冗余资源对校企合作创新驱动力的影响的检验结果

表5-10是不同类型冗余资源校企合作创新驱动力的回归分析结果。

表5-10 不同类型冗余资源对校企合作创新驱动力的回归模型

自变量	模型1	模型2	模型3	模型4	模型5
顾客环境	0.000	-0.083	-0.111	0.001	-0.038
技术环境	0.218*	0.242**	0.267**	0.214*	0.175*

续表

自变量	模型1	模型2	模型3	模型4	模型5
竞争环境	-0.065	-0.044	-0.045	-0.063	-0.071
物质冗余		0.218*			
人力冗余			0.358***		
财务冗余				0.027	
技术冗余					0.323***
F	2.113	3.247*	6.718***	1.600	5.863***
R^2	0.043	0.084	0.160	0.043	0.143
调整后的 R^2	0.023	0.058*	0.136	0.016	0.118

注：*** $p<0.001$，** $p<0.01$，* $p<0.05$。

由表5-10可知：

模型1的F检验不显著，共线性检验Tolerance = 0.842 ~ 0.857、VIF = 1.167 ~ 1.187，模型1不存在共线性问题，表明企业经营环境对校企合作创新驱动力的影响不显著。

模型2的F检验显著，且物质冗余对校企合作创新驱动力的回归系数的t检验显著（$\beta=0.218$，$p<0.05$），共线性检验Tolerance = 0.750 ~ 0.877、VIF = 1.140 ~ 1.333，模型2不存在共线性问题，假设H1得到支持，物质冗余与校企合作创新驱动力正相关。

模型3的F检验显著，且人力冗余对校企合作创新驱动力的回归系数的t检验显著（$\beta=0.358$，$p<0.001$），共线性检验Tolerance = 0.786 ~ 0.916、VIF = 1.092 ~ 1.273，模型3不存在共线性问题，假设H2得到支持，人力资源冗余与校企合作创新驱动力正相关。

模型4的F检验不显著，财务冗余对校企合作创新驱动力的回归系数的t检验不显著（β=0.027，p>0.10），共线性检验Tolerance=0.827~0.978、VIF=1.022~1.210，模型2不存在共线性问题，假设H3未得到支持，表明财务冗余与校企合作创新驱动力正相关，但不显著。

模型5的F检验显著，且技术冗余对校企合作创新驱动力的回归系数的t检验显著（β=0.323，p<0.001），共线性检验Tolerance=0.829~0.956、VIF=1.046~1.206，模型2不存在共线性问题，假设H4得到支持，技术冗余与校企合作创新驱动力正相关。

因此，物质冗余、人力资源冗余、技术冗余均对校企合作创新驱动力产生正向影响，财务冗余虽然也正向影响校企合作创新驱动力，但不显著。

5.4 不同类型冗余资源对校企合作创新合作高校选择的影响的检验结果

表5-11是企业不同类型冗余资源对合作高校伙伴选择时看重技术因素的回归模型、表5-12是企业不同类型冗余资源对合作高校伙伴选择时看重专家因素的回归模型、表5-13是企业不同类型冗余资源对合作高校伙伴选择权衡（看重技术-看重专家）的回归模型。

表5-11 不同类型冗余资源对高校伙伴选择（看重技术）的回归模型

自变量	模型1	模型2	模型3	模型4	模型5
企业规模	0.145 +				
物质冗余		-0.089			
人力冗余			0.146 +		

续表

自变量	模型1	模型2	模型3	模型4	模型5
财务冗余				0.022	
技术冗余					0.286***
F	3.076+	1.143	3.152+	0.069	12.803***
R^2	0.021	0.008	0.021	0.000	0.082
调整后的 R^2	0.014	0.001	0.015	-0.006	0.075

注：*** $p<0.001$， + $p<0.10$。

表5-12　不同冗余资源对高校伙伴选择（看重专家）的回归模型

自变量	模型1	模型2	模型3	模型4	模型5
企业规模	-0.002				
物质冗余		-0.126			
人力冗余			0.006		
财务冗余				0.097	
技术冗余					0.286***
F	0.000	2.311	0.005	1.367	12.788***
R^2	0.000	0.016	0.000	0.009	0.082
调整后的 R^2	-0.007	0.009	-0.007	0.003	0.075

注：*** $p<0.001$。

表5-13　不同冗余资源对高校伙伴选择权衡（看重技术——看重专家）的回归模型

自变量	模型1	模型2	模型3	模型4	模型5
企业规模	0.209*				
物质冗余		0.041			

续表

自变量	模型 1	模型 2	模型 3	模型 4	模型 5
人力冗余			0. 201 *		
财务冗余				-0. 098	
技术冗余					0. 028
F	6. 566 *	0. 239	6. 057 *	1. 390	0. 109
R^2	0. 044	0. 002	0. 040	0. 010	0. 001
调整后的 R^2	0. 037	-0. 005	0. 034	0. 003	-0. 006

注：* $p<0.005$。

由表 5 - 11 可知，模型 1 的 F 检验基本显著（$p<0.10$），企业规模对合作高校伙伴选择时看重技术因素的回归系数为正、基本显著（$\beta=0.145$，$p<0.10$）；由表 5 - 11 可知，模型 1 的 F 检验显著（$p<0.05$），企业规模对合作高校伙伴选择权衡（看重技术 - 看重专家）的回归系数为正、显著（$\beta=0.209$，$p<0.05$）；因此，假设 H5 得到支持，规模大的企业在选择合作高校时，更看重合作高校技术。

由表 5 - 13 可知，模型 2 的 F 检验不显著，物质冗余对合作高校伙伴选择权衡（看重技术 - 看重专家）的回归系数为正、不显著（$\beta=0.041$，$p>0.10$）；因此，假设 H6 未得到支持，物质冗余多的企业在选择合作高校时，虽然也更看重合作高校技术，但不显著。

由表 5 - 11 可知，模型 3 的 F 检验基本显著（$p<0.10$），人力资源冗余对合作高校伙伴选择时看重技术因素的回归系数为正、基本显著（$\beta=0.146$，$p<0.10$）；由表 5 - 13 可知，模型 3 的 F 检验显著（$p<0.05$），人力资源冗余对合作高校伙伴选择权衡（看重技术 - 看重专家）的回归系数为正、显著（$\beta=0.201$，p <

0.05）；因此，假设H7得到支持，人力资源冗余多的企业在选择合作高校时，更看重合作高校技术。

由表5－13可知，模型4的F检验不显著，财务冗余对合作高校伙伴选择权衡（看重技术－看重专家）的回归系数为负、不显著（$\beta = -0.098$，$p > 0.10$）；因此，假设H8未得到支持，财务冗余多的企业在选择合作高校时，虽然也更看重合作高校专家，但不显著。

由表5－11可知，模型5的F检验显著（$p < 0.001$），技术冗余对合作高校伙伴选择时看重技术因素的回归系数为正、显著（$\beta = 0.286$，$p < 0.001$）；由表5－10可知，模型5的F检验显著（$p < 0.001$），技术冗余对合作高校伙伴选择时看重专家因素的回归系数为正、显著（$\beta = 0.286$，$p < 0.001$）；由表5－11可知，模型5的F检验不显著（$p < 0.001$），技术冗余对合作高校伙伴选择权衡（看重技术－看重专家）的回归系数为不显著（$\beta = 0.028$，$p > 0.10$）；因此，假设H9得到支持，技术冗余多的企业在选择合作高校时，同等看重合作高校技术和合作高校专家。

因此，规模大的企业在选择合作高校时，更看重合作高校技术；人力资源冗余多的企业在选择合作高校时，更看重合作高校的技术；技术冗余多的企业在选择合作高校时，同等看重合作高校技术和合作高校专家；物质冗余多的企业在选择合作高校时，虽然更看重合作高校技术，但不显著；财务冗余多的企业在选择合作高校时，虽然更看重合作高校专家，但不显著。

5.5 不同类型冗余资源对校企合作创新合作模式选择的影响的检验结果

表5－14至表5－18是企业冗余资源与技术交易模式的逻辑回

归模型，表5－19 至表5－23 是企业冗余资源与合作研发模式的逻辑回归模型。

表5－14 不同类型冗余资源对技术交易模式的逻辑回归模型的检验摘要

投入变量名称	B	S. E.	Wald	df	Sig.	Exp(B)	关联强度
物质冗余	－0. 312	0. 343	0. 826	1	0. 364	0. 732	－2Log likelihood＝97. 081 Cox & Snell R Square＝0. 125 Nagelkerke R Square＝0. 228
人力资源冗余	0. 663	0. 367	3. 262	1	0. 071	1. 941	
财务冗余	0. 257	0. 268	0. 919	1	0. 338	1. 293	
技术冗余	0. 815	0. 274	8. 839	1	0. 003	2. 258	
常数	2. 270	0. 327	48. 123	1	0. 000	9. 680	
整体模型适配度检验	Omnibus Tests of Model Coefficients：Chi-square＝19. 560 p＝0. 001 Hosmer and Lemeshow Test：Chi-square＝3. 882 p＝0. 868						

表5－15 物质冗余与技术交易模式的逻辑回归模型的检验摘要

投入变量名称	B	S. E.	Wald	df	Sig.	Exp(B)	关联强度
物质冗余	0. 136	0. 248	0. 303	1	0. 582	1. 146	－2 Log likelihood＝116. 332 Cox & Snell R Square＝0. 002 Nagelkerke R Square＝0. 004
常数	1. 847	0. 242	58. 193	1	0. 000	6. 342	
整体模型适配度检验	Omnibus Tests of Model Coefficients：Chi-square＝0. 309 p＝0. 578 Hosmer and Lemeshow Test：Chi-square＝3. 988 p＝0. 781						

表 5-16 人力资源冗余资源与技术交易模式的逻辑回归模型的检验摘要

投入变量名称	B	S. E.	Wald	df	Sig.	Exp(B)	关联强度
人力资源冗余	0.717	0.323	4.942	1	0.026	2.049	-2 Log likelihood = 110.483 Cox & Snell R Square = 0.041 Nagelkerke R Square = 0.075
常数	2.004	0.281	50.977	1	0.000	7.421	
整体模型适配度检验	Omnibus Tests of Model Coefficients：Chi-square = 6.157 p = 0.013 Hosmer and Lemeshow Test：Chi-square = 7.083 p = 0.420						

表 5-17 财务冗余与技术交易模式的逻辑回归模型的检验摘要

投入变量名称	B	S. E.	Wald	df	Sig.	Exp(B)	关联强度
财务冗余	0.490	0.254	3.708	1	0.054	1.632	-2 Log likelihood = 112.732 Cox & Snell R Square = 0.026 Nagelkerke R Square = 0.048
常数	1.925	0.259	55.340	1	0.000	6.857	
整体模型适配度检验	Omnibus Tests of Model Coefficients：Chi-square = 3.908 p = 0.048 Hosmer and Lemeshow Test：Chi-square = 16.130 p = 0.024						

表 5-18 技术冗余与技术交易模式的逻辑回归模型的检验摘要

投入变量名称	B	S. E.	Wald	df	Sig.	Exp(B)	关联强度
技术冗余	0.917	0.255	12.954	1	0.000	2.501	-2 Log likelihood = 102.197 Cox & Snell R Square = 0.094 Nagelkerke R Square = 0.171
常数	2.137	0.300	50.801	1	0.000	8.471	
整体模型适配度检验	Omnibus Tests of Model Coefficients：Chi-square = 14.444 p = 0.000 Hosmer and Lemeshow Test：Chi-square = 6.779 p = 0.452						

表5-19　不同类型冗余与合作研发模式的逻辑回归模型的检验摘要

投入变量名称	B	S. E.	Wald	df	Sig.	Exp(B)	关联强度
物质冗余	0.443	0.265	2.790	1	0.095	1.557	-2 Log likelihood = 147.016 Cox & Snell R Square = 0.090 Nagelkerke R Square = 0.135
人力资源冗余	0.111	0.258	0.184	1	0.668	1.117	
财务冗余	0.137	0.208	0.432	1	0.511	1.146	
技术冗余	0.482	0.210	5.293	1	0.021	1.620	
常数	1.302	0.219	35.312	1	0.000	3.678	
整体模型适配度检验	Omnibus Tests of Model Coefficients：Chi-square = 13.807　p = 0.008 Hosmer and Lemeshow Test：Chi-square = 12.495　p = 0.130						

表5-20　物质冗余与合作研发模式的逻辑回归模型的检验摘要

投入变量名称	B	S. E.	Wald	df	Sig.	Exp(B)	关联强度
物质冗余	0.517	0.219	5.572	1	0.018	1.677	-2 Log likelihood = 154.670 Cox & Snell R Square = 0.041 Nagelkerke R Square = 0.062
常数	1.222	0.206	35.264	1	0.000	3.395	
整体模型适配度检验	Omnibus Tests of Model Coefficients：Chi-square = 6.153　p = 0.013 Hosmer and Lemeshow Test：Chi-square = 3.290　p = 0.857						

表5-21　人力资源冗余与合作研发模式的逻辑回归模型的检验摘要

投入变量名称	B	S. E.	Wald	df	Sig.	Exp(B)	关联强度
人力资源冗余	0.426	0.223	3.652	1	0.056	1.531	-2 Log likelihood = 156.760 Cox & Snell R Square = 0.027 Nagelkerke R Square = 0.041
常数	1.201	0.202	35.269	1	0.000	3.322	
整体模型适配度检验	Omnibus Tests of Model Coefficients：Chi-square = 4.063　p = 0.044 Hosmer and Lemeshow Test：Chi-square = 8.313　p = 0.306						

表 5-22　财务冗余与合作研发模式的逻辑回归模型的检验摘要

投入变量名称	B	S. E.	Wald	df	Sig.	Exp(B)	关联强度
财务冗余	0.180	0.196	0.839	1	0.360	1.197	-2 Log likelihood = 159.978 Cox & Snell R Square = 0.006 Nagelkerke R Square = 0.009
常数	1.162	0.195	35.445	1	0.000	3.198	
整体模型适配度检验	Omnibus Tests of Model Coefficients：Chi-square = 0.845　p = 0.358 Hosmer and Lemeshow Test：Chi-square = 11.805　p = 0.107						

表 5-23　技术冗余与合作研发模式的逻辑回归模型的检验摘要

投入变量名称	B	S. E.	Wald	df	Sig.	Exp(B)	关联强度
技术冗余	0.578	0.198	8.508	1	0.004	1.783	-2 Log likelihood = 151.931 Cox & Snell R Square = 0.059 Nagelkerke R Square = 0.089
常数	1.236	0.207	35.549	1	0.000	3.440	
整体模型适配度检验	Omnibus Tests of Model Coefficients：Chi-square = 8.892　p = 0.003 Hosmer and Lemeshow Test：Chi-square = 5.600　p = 0.587						

由表 5-14 可知，物质冗余、人力资源冗余、财务冗余、技术冗余 4 个自变量对技术交易模式预测的逻辑回归模型中，Omnibus Tests of Model Coefficients 显著（Chi-square = 19.560，p = 0.001）、Hosmer and Lemeshow Test 不显著（Chi-square = 3.882，p = 0.868），表明模型拟合优度非常好（吴明隆和涂金堂，2012）；关联强度系数 Cox & Snell R Square = 0.125、Nagelkerke R Square = 0.228 表明自变量与因变量之间存在低度关系，物质冗余、人力资源冗余、财务冗余、技术冗余 4 个自变量可以解释技术交易模式总变异的 12.5%、22.8%（吴明隆，2011）。

由表5-19可知，物质冗余、人力资源冗余、财务冗余、技术冗余等4个自变量对合作研发模式预测的逻辑回归模型中，Omnibus Tests of Model Coefficients显著（Chi-square = 13.807，p = 0.008）、Hosmer and Lemeshow Test不显著（Chi-square = 12.495，p = 0.130），表明模型拟合优度非常好（吴明隆和涂金堂，2012）；关联强度系数Cox & Snell R Square = 0.090、Nagelkerke R Square = 0.135表明自变量与因变量之间存在低度关系，物质冗余、人力资源冗余、财务冗余、技术冗余4个自变量可以解释合作研发模式总变异的9%、13.5%（吴明隆，2011）。

由表5-20可知，物质冗余对合作研发模式预测的逻辑回归模型中，Omnibus Tests of Model Coefficients显著（Chi-square = 6.153，p = 0.013）、Hosmer and Lemeshow Test不显著（Chi-square = 3.290，p = 0.857），表明模型拟合优度非常好（吴明隆和涂金堂，2012）；关联强度系数Cox & Snell R Square = 0.041、Nagelkerke R Square = 0.062表明自变量与因变量之间存在低度关系，物质冗余可以解释合作研发模式总变异的4.1%、6.2%（吴明隆，2011）；物质冗余的B = 0.517、Wald = 5.572（P = 0.018）、Exp(B) = 1.677，达到显著性水平，物质冗余与合作研发模式正关联显著，物质冗余可以有效预测合作研发模式（吴明隆，2011），假设H10得到支持。因此，当企业选择校企合作创新模式时，物质冗余多的企业会优先考虑合作研发模式。

由表5-16可知，人力资源冗余对技术交易模式预测的逻辑回归模型中，Omnibus Tests of Model Coefficients显著（Chi-square = 6.157，p = 0.013）、Hosmer and Lemeshow Test不显著（Chi-square = 7.083，p = 0.420），表明模型拟合优度非常好（吴明隆和涂金堂，2012）；关联强度系数Cox & Snell R Square = 0.041、Nagelkerke R Square = 0.075表明自变量与因变量之间存在低度关系，人力资源

冗余可以解释合作研发模式总变异的4.1%、7.5%（吴明隆，2011）；人力资源冗余的B = 0.717、Wald = 4.942（p = 0.026）、Exp(B) = 2.049，达到显著性水平，人力资源冗余与技术交易模式正关联显著，人力资源冗余可以有效预测技术交易模式（吴明隆，2011），假设H11得到支持。因此，当企业选择校企合作创新模式时，人力资源冗余多的企业会优先考虑技术交易模式。

由表5－17可知，财务冗余对技术交易模式预测的逻辑回归模型中，Omnibus Tests of Model Coefficients显著（Chi-square = 3.908，p = 0.048）、Hosmer and Lemeshow Test显著（Chi-square = 16.130，p = 0.024），表明模型拟合优度不是很好（吴明隆和涂金堂，2012）；关联强度系数Cox & Snell R Square = 0.026、Nagelkerke R Square = 0.048表明自变量与因变量之间存在低度关系，财务冗余可以解释合作研发模式总变异的2.6%、4.8%（吴明隆，2011）；财务冗余的B = 0.490、Wald = 3.708（p = 0.054）、Exp(B) = 1.632，基本达到显著性水平，财务冗余与技术交易模式正关联基本显著，财务冗余可以预测技术交易模式（吴明隆，2011），假设H12得到基本支持。因此，当企业选择校企合作创新模式时，财务冗余多的企业会优先考虑技术交易模式。

由表5－18可知，技术冗余对技术交易模式预测的逻辑回归模型中，Omnibus Tests of Model Coefficients显著（Chi-square = 14.444，p = 0.000）、Hosmer and Lemeshow Test不显著（Chi-square = 6.779，p = 0.452），表明模型拟合优度非常好（吴明隆和涂金堂，2012）；关联强度系数Cox & Snell R Square = 0.094、Nagelkerke R Square = 0.171表明自变量与因变量之间存在低度关系，技术冗余可以解释技术交易模式总变异的9.4%、17.1%（吴明隆，2011）；技术冗余的B = 0.917、Wald = 12.954（p = 0.000）、Exp(B) = 2.501，达到显著性水平，技术冗余与技术交易模式正关联显著，技术冗余可

以有效预测技术交易模式（吴明隆，2011）。

另外，由表5－23可知，技术冗余对合作研发模式预测的逻辑回归模型中，Omnibus Tests of Model Coefficients 显著（Chi-square = 8.892，p = 0.003）、Hosmer and Lemeshow Test 不显著（Chi-square = 5.600，p = 0.587），表明模型拟合优度非常好（吴明隆和涂金堂，2012）；关联强度系数 Cox & Snell R Square = 0.059、Nagelkerke R Square = 0.089，表明自变量与因变量之间存在低度关系，技术冗余可以解释合作研发模式总变异的5.9%、8.9%（吴明隆，2011）；技术冗余的 B = 0.578、Wald = 8.508（p = 0.000）、Exp（B）= 1.783，达到显著性水平，技术冗余与合作研发模式正关联显著，技术冗余可以有效预测合作研发模式（吴明隆，2011）。

从表5－18和表5－23可以看出，技术冗余既与技术交易模式正关联显著又与合作研发模式正关联显著，进一步比较“技术冗余对技术交易模式预测的逻辑回归模型”和“技术冗余对合作研发模式预测的逻辑回归模型”，可以发现“技术冗余对技术交易模式预测的逻辑回归模型”优于“技术冗余对合作研发模式预测的逻辑回归模型”，假设H13得到支持。因此，当企业选择校企合作创新模式时，技术冗余多的企业会优先考虑技术交易模式。

5.6　不同类型冗余资源对校企合作创新稳定性的影响的检验结果

表5－24是企业不同类型冗余资源对校企合作创新稳定性的回归分析结果。

表 5-24　　不同类型冗余资源与校企合作创新稳定性的回归模型

自变量	模型 1	模型 2	模型 3	模型 4	模型 5
企业规模	0.288***				
物质冗余		0.105			
人力冗余			0.297***		
财务冗余				0.109	
技术冗余					0.455***
F	12.988***	1.613	13.962***	1.726	37.561***
R^2	0.083	0.011	0.088	0.012	0.207
调整后的 R^2	0.076	0.004	0.082	0.005	0.201

注：*** $p<0.001$。

由表 5-24 可知：

模型 1 的 F 检验显著（$p<0.001$），企业规模对校企合作创新稳定性的回归系数为正、显著（$\beta=0.288$，$p<0.001$），表明企业规模正向影响校企合作创新稳定性。

模型 2 的 F 检验不显著（$p>0.10$），企业物质冗余对校企合作创新稳定性的回归系数为正、不显著（$\beta=0.105$，$p>0.10$），假设 H14 未得到支持，企业物质冗余虽然正向影响校企合作创新稳定性，但不显著。

模型 3 的 F 检验显著（$p<0.001$），企业人力资源冗余对校企合作创新稳定性的回归系数为正、显著（$\beta=0.297$，$p<0.001$），假设 H15 得到支持，企业人力资源冗余正向影响校企合作创新稳定性。

模型 4 的 F 检验不显著（$p>0.10$），企业财务冗余对校企合作创新稳定性的回归系数为正、不显著（$\beta=0.109$，$p>0.10$），假设 H16 未得到支持，企业财务冗余虽然正向影响校企合作创新稳定性，但不显著。

模型5的F检验显著（$p<0.001$），企业技术冗余对校企合作创新稳定性的回归系数为正、显著（$\beta=0.455$，$p<0.001$），假设H17得到支持，企业技术冗余正向影响校企合作创新稳定性。

5.7 不同类型冗余资源对校企合作创新绩效的影响的检验结果

表5-25是企业不同类型冗余资源对校企合作创新绩效的回归分析结果。

表5-25 企业不同类型冗余资源对校企合作创新绩效的回归模型

自变量	模型1	模型2	模型3	模型4	模型5
企业规模	0.346***				
物质冗余		0.110			
人力冗余			0.276**		
财务冗余				0.173*	
技术冗余					0.448***
F	19.638***	1.765	11.908**	4.437*	36.217***
R^2	0.120	0.012	0.076	0.030	0.201
调整后的R^2	0.114	0.005	0.070	0.023	0.195

注：*** $p<0.001$，** $p<0.01$，* $p<0.05$。

由表5-25可知：

模型1的F检验显著（$p<0.001$），企业规模对校企合作创新绩效的回归系数为正、显著（$\beta=0.346$，$p<0.001$），假设H18得

到支持，企业规模正向影响校企合作创新绩效。

模型 2 的 F 检验不显著（$p > 0.10$），企业物质冗余对校企合作创新绩效的回归系数为正、不显著（$\beta = 0.110$，$p > 0.10$），假设 H19 未得到支持，企业物质冗余虽然正向影响校企合作创新绩效，但不显著。

模型 3 的 F 检验显著（$p < 0.001$），企业人力资源冗余对校企合作创新绩效的回归系数为正、显著（$\beta = 0.276$，$p < 0.001$），假设 H20 得到支持，企业人力资源冗余正向影响校企合作创新绩效。

模型 4 的 F 检验显著（$p < 0.05$），企业财务冗余对校企合作创新绩效的回归系数为正、显著（$\beta = 0.173$，$p < 0.05$），假设 H21 得到支持，企业财务冗余正向影响校企合作创新绩效。

模型 5 的 F 检验显著（$p < 0.001$），企业技术冗余对校企合作创新绩效的回归系数为正、显著（$\beta = 0.448$，$p < 0.001$），假设 H22 得到支持，企业技术冗余正向影响校企合作创新绩效。

5.8 组织能力对企业冗余资源与校企合作创新驱动力之间关系的调节效应的检验结果

表 5-26 是企业知识吸收能力对企业物质冗余与校企合作创新驱动力之间关系的调节效应的检验结果，其中，模型 1、模型 2、模型 3、模型 4、模型 5 分别是顾客环境、技术环境、竞争环境、物质冗余、企业知识吸收能力对校企合作创新驱动力的回归分析模型，模型 6、模型 7 用于检验知识吸收能力对企业物质冗余与校企合作创新驱动力之间关系的调节效应。模型 6 是顾客环境、技术环境、竞争环境、物质冗余、知识吸收能力共同对校企合作创新驱动力的回归分析模型，模型 7 是顾客环境、技术环境、竞争环境、物

质冗余、知识吸收能力、物资冗余×知识吸收能力共同对校企合作创新驱动力的回归分析模型，模型6、模型7对比观察企业知识吸收能力对企业物质冗余与校企合作创新驱动力之间关系的调节效果。

表5-26 企业知识吸收能力对物质冗余与校企合作创新驱动力之间关系的调节效应

自变量	模型1	模型2	模型3	模型4	模型5	模型6	模型7
顾客环境	-0.050					-0.086	-0.102
技术环境		0.194*				0.163+	0.146
竞争环境			0.007			-0.057	-0.069
物质冗余				0.188*		0.241**	0.208*
知识吸收能力					0.261**	0.246**	0.268**
物资冗余×知识吸收能力							0.172*
F	0.368	5.649*	0.006	5.254*	10.487**	4.413**	4.520***
R^2	0.003	0.038	0.000	0.035	0.068	0.136	0.163
调整后的R^2	-0.004	0.031	-0.007	0.029	0.061	0.105	0.127
ΔR^2							0.027
ΔF							4.505

注：*** $p<0.001$，** $p<0.01$，* $p<0.05$，+ $p<0.10$。

从模型5可以看出，模型5的F检验显著（$p<0.01$），企业知识吸收能力对校企合作创新驱动力的回归系数为正、显著（$\beta=0.261$，$p<0.01$），假设H23得到支持，企业知识吸收能力正向影响校企合作创新驱动力。

从模型7可以看出，模型7的F检验显著（$p<0.001$），物资

冗余 × 知识吸收能力对校企合作创新驱动力的回归系数为正、显著（$\beta = 0.172$，$p < 0.05$），表明知识吸收能力对物质冗余与校企合作创新驱动力之间关系的正向调节效应显著，假设 H26 得到支持，因此，企业知识吸收能力正向调节企业物质冗余与校企合作创新驱动力之间的关系。

表 5－27 是企业知识吸收能力对企业人力资源冗余与校企合作创新驱动力之间关系的调节效应的检验结果，其中，模型 1、模型 2、模型 3、模型 4、模型 5 分别是顾客环境、技术环境、竞争环境、人力冗余、知识吸收能力对校企合作创新驱动力的回归分析模型，模型 6、模型 7 用于检验知识吸收能力对企业人力资源冗余与校企合作创新驱动力之间关系的调节效应。模型 6 是顾客环境、技术环境、竞争环境、人力冗余、知识吸收能力共同对校企合作创新驱动力的回归分析模型，模型 7 是顾客环境、技术环境、竞争环境、人力冗余、知识吸收能力、人力冗余 × 知识吸收能力共同对校企合作创新驱动力的回归分析模型，模型 6、模型 7 对比观察企业知识吸收能力对企业人力资源冗余与校企合作创新驱动力之间关系的调节效果。

表 5－27　企业知识吸收能力对人力资源冗余与校企合作创新驱动力之间关系的调节效应

自变量	模型 1	模型 2	模型 3	模型 4	模型 5	模型 6	模型 7
顾客环境	-0.050					-0.108	-0.126
技术环境		0.194*				0.205*	0.204*
竞争环境			0.007			-0.061	-0.070
人力冗余				0.308***		0.341***	0.336***
知识吸收能力					0.261**	0.196*	0.235**

续表

自变量	模型1	模型2	模型3	模型4	模型5	模型6	模型7
人力冗余×知识吸收能力							0.138$^+$
F	0.368	5.649*	0.006	15.089***	10.487**	6.559***	6.049***
R^2	0.003	0.038	0.000	0.095	0.068	0.190	0.207
调整后的 R^2	-0.004	0.031	-0.007	0.089	0.061	0.161	0.173
ΔR^2							0.017
ΔF							3.028

注：*** $p<0.001$，** $p<0.01$，* $p<0.05$，+ $p<0.10$。

从模型7可以看出，模型7的F检验显著（$p<0.001$），人力冗余×知识吸收能力对校企合作创新驱动力的回归系数为正、基本显著（$\beta=0.138$，$p<0.10$），表明企业知识吸收能力对企业人力资源冗余与校企合作创新驱动力之间关系的正向调节效应显著，假设H27得到支持，因此，企业知识吸收能力正向调节企业人力资源冗余与校企合作创新驱动力之间的关系。

表5-28是企业知识吸收能力对企业财务冗余与校企合作创新驱动力之间关系的调节效应的检验结果，其中，模型1、模型2、模型3、模型4、模型5分别是顾客环境、技术环境、竞争环境、财务冗余、知识吸收能力对校企合作创新驱动力的回归分析模型，模型6、模型7用于检验知识吸收能力对企业财务冗余与校企合作创新驱动力之间关系的调节效应。模型6是顾客环境、技术环境、竞争环境、财务冗余、知识吸收能力共同对校企合作创新驱动力的回归分析模型，模型7是顾客环境、技术环境、竞争环境、财务冗余、知识吸收能力、财务冗余×知识吸收能力共同对校企合作创新

驱动力的回归分析模型，模型 6、模型 7 对比观察企业知识吸收能力对企业财务冗余与校企合作创新驱动力之间关系的调节效果。

表 5 - 28　　企业知识吸收能力对财务冗余与校企合作创新驱动力之间关系的调节效应

自变量	模型 1	模型 2	模型 3	模型 4	模型 5	模型 6	模型 7
顾客环境	-0.050					0.003	-0.005
技术环境		0.194*				0.144	0.149
竞争环境			0.007			-0.081	-0.101
财务冗余				0.050		-0.029	-0.045
知识吸收能力					0.261**	0.232*	0.246**
财务冗余×知识吸收能力							0.104
F	0.368	5.649*	0.006	0.359	10.487**	2.655*	2.479*
R^2	0.003	0.038	0.000	0.002	0.068	0.087	0.097
调整后的 R^2	-0.004	0.031	-0.007	-0.004	0.061	0.054	0.058
ΔR^2							0.010
ΔF							1.550

注：** $p<0.01$，* $p<0.05$。

从模型 7 可以看出，模型 7 的 F 检验显著（$p<0.05$），财务冗余×知识吸收能力对校企合作创新驱动力的回归系数为正、不显著（$\beta=0.104$，$p>0.10$），表明企业知识吸收能力对企业财务冗余与校企合作创新驱动力之间关系的正向调节效应存在，但不显著，假设 H28 未得到支持，因此，企业知识吸收能力虽然正向调节企业财务冗余与校企合作创新驱动力之间的关系，但不显著。

表 5 - 29 是企业知识吸收能力对企业技术冗余与校企合作创新

驱动力之间关系的调节效应的检验结果，其中，模型1、模型2、模型3、模型4、模型5分别是顾客环境、技术环境、竞争环境、技术冗余、知识吸收能力对校企合作创新驱动力的回归分析模型，模型6、模型7用于检验知识吸收能力对企业技术冗余与校企合作创新驱动力之间关系的调节效应。模型6是顾客环境、技术环境、竞争环境、技术冗余、知识吸收能力共同对校企合作创新驱动力的回归分析模型，模型7是顾客环境、技术环境、竞争环境、技术冗余、知识吸收能力、技术冗余×知识吸收能力共同对校企合作创新驱动力的回归分析模型，模型6、模型7对比观察企业知识吸收能力对企业技术冗余与校企合作创新驱动力之间关系的调节效果。

表5-29 企业知识吸收能力对技术冗余与校企合作创新驱动力之间关系的调节效应

自变量	模型1	模型2	模型3	模型4	模型5	模型6	模型7
顾客环境	-0.050					-0.029	-0.029
技术环境		0.194*				0.145	0.145
竞争环境			0.007			-0.078	-0.078
技术冗余				0.340***		0.281**	0.281**
知识吸收能力					0.261**	0.094	0.096
技术冗余×知识吸收能力							0.004
F	0.368	5.649*	0.006	18.772***	10.487**	4.799***	3.971**
R^2	0.003	0.038	0.000	0.115	0.068	0.146	0.146
调整后的R^2	-0.004	0.031	-0.007	0.109	0.061	0.116	0.109
ΔR^2							0.000
ΔF							0.002

注：*** $p<0.001$，** $p<0.01$，* $p<0.05$。

从模型7可以看出，模型7的F检验显著（$p<0.01$），技术冗余×知识吸收能力对校企合作创新驱动力的回归系数为正、不显著（$\beta=0.004$，$p>0.10$），表明企业知识吸收能力对企业技术冗余与校企合作创新驱动力之间关系的正向调节效应存在，但不显著，假设H29未得到支持，因此，企业知识吸收能力虽然正向调节企业技术冗余与校企合作创新驱动力之间的关系，但不显著。

5.9 组织能力对企业冗余资源与校企合作创新绩效之间关系的调节效应的检验结果

表5-30是组织能力对企业物质冗余与校企合作创新绩效之间关系的调节效应的检验结果，其中，模型1、模型2、模型3分别是物质冗余、知识吸收能力、技术创新能力对校企合作创新绩效的回归分析模型，模型4、模型5用于检验组织能力对企业物质冗余与校企合作创新绩效之间关系的调节效应。模型4是物质冗余、知识吸收能力、技术创新能力共同对校企合作创新绩效的回归分析模型，模型5是物质冗余、知识吸收能力、技术创新能力、物质冗余×知识吸收能力、物质冗余×技术创新能力共同对校企合作创新绩效的回归分析模型，模型4、模型5对比观察组织能力对企业物质冗余与校企合作创新绩效之间关系的调节效果。

表5-30 组织能力对物质冗余与校企合作创新绩效之间关系的调节效应

自变量	模型1	模型2	模型3	模型4	模型5
物资冗余	0.110			0.196**	0.197**
知识吸收能力		0.258**		0.055	0.059

续表

自变量	模型1	模型2	模型3	模型4	模型5
技术创新能力			0.488***	0.495***	0.511***
物质冗余×知识吸收能力					0.063
物质冗余×技术创新能力					-0.143+
F	1.765	10.280**	44.952***	18.146***	11.738***
R^2	0.012	0.067	0.238	0.277	0.295
调整后的 R^2	0.005	0.060	0.233	0.262	0.270
ΔR^2					0.018
ΔF					1.814

注：*** $p<0.001$，** $p<0.01$，+ $p<0.10$。

从模型2可以看出，模型2的F检验显著（$p<0.01$），知识吸收能力对校企合作创新绩效的回归系数为正、显著（$\beta=0.258$，$p<0.01$），表明知识吸收能力与校企合作创新绩效正相关显著，假设H24得到支持，企业知识吸收能力正向影响校企合作创新绩效。

从模型3可以看出，模型3的F检验显著（$p<0.001$），技术创新能力对校企合作创新绩效的回归系数为正、显著（$\beta=0.488$，$p<0.001$），表明技术创新能力与校企合作创新绩效正相关显著，假设H25得到支持，企业技术创新能力正向影响校企合作创新绩效。

从模型5可以看出，模型5的F检验显著（$p<0.001$），物质冗余×知识吸收能力对校企合作创新绩效的回归系数为正、不显著（$\beta=0.063$，$p>0.10$），表明知识吸收能力对物质冗余与校企合作创新绩效之间关系的正向调节效应不显著，假设H30未得到支持；因此，企业知识吸收能力正向调节物质冗余与校企合作创新绩效之间的关系，但不显著。

从模型5可以看出，模型5的F检验显著（$p<0.001$），物质冗余×技术创新能力对校企合作创新绩效的回归系数为负、基本显著（$\beta=-0.143$，$p<0.10$），表明技术创新能力对物质冗余与校企合作创新绩效之间关系的负向调节效应显著（Geiger & Makri，2006），假设H34得到支持；因此，企业技术创新能力负向调节物质冗余与校企合作创新绩效之间的关系。

表5－31是组织能力对企业人力资源冗余与校企合作创新绩效之间关系的调节效应的检验结果，其中，模型1、模型2、模型3分别是人力冗余、知识吸收能力、技术创新能力对校企合作创新绩效的回归分析模型，模型4、模型5用于检验组织能力对企业人力资源冗余与校企合作创新绩效之间关系的调节效应。模型4是人力冗余、知识吸收能力、技术创新能力共同对校企合作创新绩效的回归分析模型，模型5是人力冗余、知识吸收能力、技术创新能力、人力冗余×知识吸收能力、人力冗余×技术创新能力共同对校企合作创新绩效的回归分析模型，模型4、模型5对比观察组织能力对企业人力资源冗余与校企合作创新绩效之间关系的调节效果。

表5－31　组织能力对人力资源冗余与校企合作创新绩效之间关系的调节效应

自变量	模型1	模型2	模型3	模型4	模型5
人力冗余	0.276**			0.358***	0.328***
知识吸收能力		0.258**		－0.001	0.011
技术创新			0.488***	0.542***	0.568***
人力冗余×知识吸收能力					0.179*
人力冗余×技术创新能力					－0.158*

续表

自变量	模型1	模型2	模型3	模型4	模型5
F	11.908 **	10.280 **	44.952 ***	26.968 ***	18.140 ***
R^2	0.076	0.067	0.238	0.363	0.393
调整后的 R^2	0.070	0.060	0.233	0.349	0.371
ΔR^2					0.030
ΔF					3.483

注：*** $p<0.001$，** $p<0.01$，* $p<0.05$。

从模型5可以看出，模型5的F检验显著（$p<0.001$），人力冗余×知识吸收能力对校企合作创新绩效的回归系数为正、显著（$\beta=0.179$，$p<0.05$），表明企业知识吸收能力对人力资源冗余与校企合作创新绩效之间关系的正向调节效应显著，假设H31得到支持；因此，企业知识吸收能力正向调节人力资源冗余与校企合作创新绩效之间的关系。

从模型5可以看出，模型5的F检验显著（$p<0.001$），人力冗余×技术创新能力对校企合作创新绩效的回归系数为负、基本显著（$\beta=-0.158$，$p<0.10$），表明企业技术创新能力对人力资源冗余与校企合作创新绩效之间关系的负向调节效应显著（Geiger & Makri，2006），假设H35得到支持；因此，企业技术创新能力负向调节人力资源冗余与校企合作创新绩效之间的关系。

表5-32是组织能力对企业财务冗余与校企合作创新绩效之间关系的调节效应的检验结果，其中，模型1、模型2、模型3分别是财务冗余、知识吸收能力、技术创新能力对校企合作创新绩效的回归分析模型，模型4、模型5用于检验组织能力对企业财务冗余与校企合作创新绩效之间关系的调节效应。模型4是财务冗余、知

识吸收能力、技术创新能力共同对校企合作创新绩效的回归分析模型，模型5是财务冗余、知识吸收能力、技术创新能力、财务冗余×知识吸收能力、财务冗余×技术创新能力共同对校企合作创新绩效的回归分析模型，模型4、模型5对比观察组织能力对企业财务冗余与校企合作创新绩效之间关系的调节效果。

表5-32 组织能力对财务冗余与校企合作创新绩效之间关系的调节效应

自变量	模型1	模型2	模型3	模型4	模型5
财务冗余	0.173*			0.057	0.061
知识吸收能力		0.258**		0.039	0.012
技术创新			0.488***	0.457***	0.455***
财务冗余×知识吸收能力					-0.135
财务冗余×技术创新能力					0.167+
F	4.437*	10.280**	44.952***	15.186***	10.115***
R^2	0.030	0.067	0.238	0.243	0.265
调整后的 R^2	0.023	0.060	0.233	0.227	0.239
ΔR^2					0.022
ΔF					2.143

注：*** $p<0.001$，** $p<0.01$，* $p<0.05$，+ $p<0.10$。

从模型5可以看出，模型5的F检验显著（$p<0.001$），财务冗余×知识吸收能力对校企合作创新绩效的回归系数为负、不显著（$\beta=-0.135$，$p>0.10$），表明企业知识吸收能力对财务冗余与校企合作创新绩效之间关系的负向调节效应不显著，假设H32未得到支持；因此，企业知识吸收能力负向调节财务冗余与校企合作创新绩效之间的关系，但不显著。

从模型5可以看出，模型5的F检验显著（p<0.001），财务冗余×技术创新能力对校企合作创新绩效的回归系数为正、基本显著（β=0.167，p<0.10），表明企业技术创新能力对财务冗余与校企合作创新绩效之间关系的正向调节效应基本显著，假设H36得到支持；因此，企业技术创新能力正向调节财务冗余与校企合作创新绩效之间的关系。

表5-33是组织能力对企业技术冗余与校企合作创新绩效之间关系的调节效应的检验结果，其中，模型1、模型2、模型3分别是技术冗余、知识吸收能力、技术创新能力对校企合作创新绩效的回归分析模型，模型4、模型5用于检验组织能力对企业技术冗余与校企合作创新绩效之间关系的调节效应。模型4是技术冗余、知识吸收能力、技术创新能力共同对校企合作创新绩效的回归分析模型，模型5是技术冗余、知识吸收能力、技术创新能力、技术冗余×知识吸收能力、技术冗余×技术创新能力共同对校企合作创新绩效的回归分析模型，模型4、模型5对比观察组织能力对企业技术冗余与校企合作创新绩效之间关系的调节效果。

表5-33 组织能力对技术冗余与校企合作创新绩效之间关系的调节效应

自变量	模型1	模型2	模型3	模型4	模型5
技术冗余	0.448***			0.312***	0.317***
知识吸收能力		0.258**		-0.059	0.024
技术创新			0.488***	0.379***	0.347***
技术冗余×知识吸收能力					0.187*
技术冗余×技术创新能力					-0.134
F	36.217***	10.280**	44.952***	21.249***	13.849***

续表

自变量	模型1	模型2	模型3	模型4	模型5
R^2	0.201	0.067	0.238	0.310	0.331
调整后的 R^2	0.195	0.060	0.233	0.295	0.307
ΔR^2					0.021
ΔF					2.207

注：*** $p<0.001$，** $p<0.01$，* $p<0.05$。

从模型5可以看出，模型5的F检验显著（$p<0.001$），技术冗余×知识吸收能力对校企合作创新绩效的回归系数为正、显著（$\beta=0.187$，$p<0.05$），表明企业知识吸收能力对技术冗余与校企合作创新绩效之间关系的正向调节效应显著，假设H33得到支持，因此，企业知识吸收能力正向调节技术冗余与校企合作创新绩效之间的关系。

从模型5可以看出，模型5的F检验显著（$p<0.001$），技术冗余×技术创新能力对校企合作创新绩效的回归系数为负、不显著（$\beta=-0.134$，$p>0.10$），表明企业技术创新能力对技术冗余与校企合作创新绩效之间关系的负向调节效应不显著，假设H37未得到支持，因此，企业技术创新能力负向调节技术冗余与校企合作创新绩效之间的关系存在，但不显著。

5.10 假设检验结果汇总

假设检验结果汇总，见表5-34。

表5-34 假设检验结果汇总

序号	假设	结果
H1	企业物质冗余正向影响校企合作创新驱动力	支持
H2	企业人力资源冗余正向影响校企合作创新驱动力	支持
H3	企业财务冗余正向影响校企合作创新驱动力	不支持
H4	企业技术冗余正向影响校企合作创新驱动力	支持
H5	规模大的企业在选择合作高校时，更看重合作高校技术	支持
H6	物资冗余多的企业在选择合作高校时，更看重合作高校技术	不支持
H7	人力资源冗余多的企业在选择合作高校时，更看重合作高校的技术	支持
H8	财务冗余多的企业在选择合作高校时，更看重合作高校专家	不支持
H9	技术冗余多的企业在选择合作高校时，同等看重合作高校技术和合作高校专家	支持
H10	当企业选择校企合作创新模式时，物质冗余多的企业会优先考虑合作研发模式	支持
H11	当企业选择校企合作创新模式时，人力资源冗余多的企业会优先考虑技术交易模式	支持
H12	当企业选择校企合作创新模式时，财务冗余多的企业会优先考虑技术交易模式	基本支持
H13	当企业选择校企合作创新模式时，技术冗余多的企业会优先考虑技术交易模式	支持
H14	企业物质冗余正向影响校企合作创新的稳定性	不支持
H15	企业人力资源冗余正向影响校企合作创新的稳定性	支持
H16	企业财务冗余正向影响校企合作创新的稳定性	不支持
H17	企业技术冗余正向影响校企合作创新的稳定性	支持
H18	企业规模正向影响校企合作创新绩效	支持

续表

序号	假设	结果
H19	企业物质冗余正向影响校企合作创新绩效	不支持
H20	企业人力资源冗余正向影响校企合作创新绩效	支持
H21	企业财务冗余正向影响校企合作创新绩效	支持
H22	企业技术冗余正向影响校企合作创新绩效	支持
H23	企业知识吸收能力正向影响校企合作创新驱动力	支持
H24	企业知识吸收能力正向影响校企合作创新绩效	支持
H25	企业技术创新能力正向影响校企合作创新绩效	支持
H26	企业知识吸收能力正向调节物质冗余与校企合作创新驱动力之间的关系	支持
H27	企业知识吸收能力正向调节人力资源冗余与校企合作创新驱动力之间的关系	支持
H28	企业知识吸收能力正向调节财务冗余与校企合作创新驱动力之间的关系	不支持
H29	企业知识吸收能力正向调节技术冗余与校企合作创新驱动力之间的关系	不支持
H30	企业知识吸收能力正向调节物质冗余与校企合作创新绩效之间的关系	不支持
H31	企业知识吸收能力正向调节人力资源冗余与校企合作创新绩效之间的关系	支持
H32	企业知识吸收能力负向调节财务冗余与校企合作创新绩效之间的关系	不支持
H33	企业知识吸收能力正向调节技术冗余与校企合作创新绩效之间的关系	支持
H34	企业技术创新能力负向调节物质冗余与校企合作创新绩效之间的关系	支持

续表

序号	假设	结果
H35	企业技术创新能力负向调节人力资源冗余与校企合作创新绩效之间的关系	支持
H36	企业技术创新能力正向调节财务冗余与校企合作创新绩效之间的关系	支持
H37	企业技术创新能力负向调节技术冗余与校企合作创新绩效之间的关系	不支持

第 6 章
研究结果讨论

6.1 研究结果概述

本书提出了 37 个理论假设，这些假设主要揭示了企业冗余资源对校企合作创新驱动力、校企合作创新伙伴选择、校企合作创新模式、校企合作创新绩效的影响机理，以及组织能力对企业冗余资源与校企合作创新之间关系的调节机理。基于中国制造企业的实证研究结果显示，在 37 个理论假设中，有 26 个理论假设通过了显著性检验，有 11 个理论假设没有通过显著性检验。因此，本书研究提出的理论观点大都得到了实证支持。

本书研究证实，企业物质冗余、人力资源冗余、技术冗余均与校企合作创新驱动力显著正相关，企业财务冗余与校企合作创新驱动力存在正相关关系，但不显著。由于企业冗余资源的存在降低了企业的资源效率，企业管理者不得不想办法通过资源整合，将企业的冗余资源转化为企业的创新产出，以不断提升企业的经济效益、促进企业发展；然而，受限于企业一些资源的稀缺、企业能力的不足，绝大多数企业难以独立完成冗余资源向企业创新产出的转化，这就促使企业寻求资源互补性的校企合作创新来实现。企业物质冗余、人力资源冗余、技术冗余的资源专属性较强，企业将物质冗余、人力资源冗余、技术冗余转化为企业的创新产出的难度更大，企业寻求校企合作创新的动力就越大，因而，具有较多物质冗余、人力资源冗余、技术冗余的企业具有较强的校企合作创新驱动力。遗憾的是，企业财务冗余与校企合作创新驱动力的正相关关系不显著，可能的原因有两个方面，一个原因是财务冗余是企业的通用经营资源，企业很容易将财务冗余配置到有前景的企业经营活动中去，这样就降低了校企合作创新的需要；另一个原因可能是样本问题，由于我们的样本主要是中小企业，企业的财务冗余不多，实力较弱，也就缺乏校企合作创新的能力和动力。

本书研究证实，规模大的企业在选择合作高校时，更看重合作高校技术；人力资源冗余多的企业在选择合作高校时，更看重合作高校的技术；技术冗余多的企业在选择合作高校时，同等看重合作高校技术和合作高校专家；物质冗余多的企业在选择合作高校时，虽然更看重合作高校技术，但不显著；财务冗余多的企业在选择合作高校时，虽然更看重合作高校专家，但不显著。企业进行校企合作创新的理想伙伴的标准是合作高校提供的合作技术能够使企业快速转化为企业的竞争优势，合作专家能按照企业的期望鼎力实现技术成果的成功转化，从而使企业的校企合作创新风险最低、收益最大，但在校企合作创新实践中，很难达到企业理想目标，因而，企业会在看重合作高校技术和看重合作高校专家之间平衡。一般说来，企业在选择高校合作伙伴时，首先考虑合作高校的技术是否符合企业的期望，然后才考虑相互之间的合作关系是否影响合作高校技术的转移；由于规模大的企业、人力资源冗余多的企业、技术冗余多的企业具有较强的理解和掌握合作高校的技术的能力，这样，他们在选择高校伙伴时，更看重合作高校的技术，因而，本书研究首次证实企业冗余资源会影响高校合作伙伴的选择。

本书研究证实，当企业选择校企合作创新模式时，物质冗余多的企业会优先考虑合作研发模式，人力资源冗余多的企业会优先考虑技术交易模式，财务冗余多的企业会优先考虑技术交易模式，技术冗余多的企业会优先考虑技术交易模式。选择合适的校企合作创新模式有利于提高校企合作创新产出，按照管理控制权的观点，企业倾向于自己能够掌控校企合作创新的过程和结果，由于技术交易模式成果可见、风险易控，很容易被许多企业采用，但这种模式对企业的资金实力、技术预测与把握能力要求高；若企业的资金实力、技术实力不够，无法对合作创新成果进行有效预测与把握，这时采用技术交易模式风险太大，企业就倾向于采用合作研发模式来降低风险，特别是一些探索性技术创新项目，项目不确定性高，前景不明、风险大，这就需要合作高校来共同分担风险。显然，财务冗余多的企业、人力资源冗余多的企业、技术冗余多的企业有较强的资金、技术实力，对校企合作创新项目的预测和把控能力较强，会优先考虑技术交易模式；而物资冗余的专有资源属性使得物资冗余转化为企业的创新产出的难度很大，校企合作创新过程的不确定性较高，需要企业、合作高校共同分担风险，而且，企业更倾向于将物资冗余作为一种资源投入校企合作创新，降低自己的投入成本，因而，物质冗余多的企业会优先考虑合作研发模式，因此，本书首次证实了企业冗余资源会影响校企合作创新模式的选择。

本书研究证实，企业人力资源冗余正向影响校企合作创新稳定性，企业技术冗余正向影响校企合作创新稳定性；企业物质冗余正向影响校企合作创新稳定性，但不显著；企业财务冗余正向影响校企合作创新稳定性，但不显著。校企合作创新稳定性问题是校企合作创新理论研究的一个重要问题，长期以来，学者们主要研究了信任、沟通、投机行为、合作伙伴匹配、利益分配等因素对校企合作创新稳定性的影响（原毅军等，2009；邢乐斌等，2010；卢方元和常大华，2015；曹霞和于娟，2015），很少从资源投入的角度研究资源对校企合作创新稳定性的影响。校企合作创新的主要原因是资源的相互依赖，获取互补性资源是校企合作创新的根本动因，按照资源基础理论的观点，校企合作双方必须具有对方不具备的重要资源，这些重要资源是与企业或高校的核心竞争力相关的资源，或是企业或高校的专属性资产或专有知识，这样的资源是不可能在公开的市场交易中获得，只有通过合作创新来获取，从而使校企双方相互依赖，建立长期的稳定的合作创新关系。企业人力资源冗余、技术冗余是企业的专属性资产或专有知识，具有一定的竞争优势，特别是与企业战略优势相关的人力资源冗余、技术冗余，就是企业的核心竞争力，因而是高校长期依赖的互补性资源，有利于校企合作创新的稳定发展；企业物质冗余、财务冗余也是企业用于扩张的优势资源，同样是高校长期依赖的互补性资源，也有利于校企合作创新的稳定发展，遗憾的是，企业物质冗余、财务冗余与校企合作创新稳定性的正相关关系不显著，可能的原因有两个方面，一个原因可能是，相对而言，企业物质冗余、财务冗余在公开市场中比人力资源冗余、技术冗余更容易获取（尤其是通用资源财务冗余），高校的依赖程度相对低一些；另一个原因可能是样本问题，因为我们的样本主要是中小企业，企业的物质冗余、财务冗余不多，投入校企合作创新的资源的绝对量、相对量都不多，难以满足高校日益看重的需要耗费大量创新资源的重大合作创新项目的资源供给，降低了高校的依赖程度，因而对校企合作创新稳定性的正向影响不明显。

本书研究证实，企业规模正向影响校企合作创新绩效，企业人力资源冗余正向影响校企合作创新绩效，企业财务冗余正向影响校企合作创新绩效，企业技术冗余正向影响校企合作创新绩效；企业物质冗余正向影响校企合作创新绩效，但不显著。企业冗余资源类型及其冗余程度不同，企业对校企合作创新项目在物资、人员、技术、资金和组织保证等方面的投入重点和投入强度不同，会对校企合作创新项目的资源保障和如何调动合作创新项目参与人员的积极性产生不同的影响，从而对校企合作创新绩效产生不同影响。企业物质冗余、人力资源冗余、财务冗余、技术冗余均是校企合作创新所需要的必不可少的创新资源，企业的各种类型的冗余资源越多，企业就不会受资源的结构性的限制，就能充分保障校企合作创新所需的各方面创新资源的投入，确保校企合作创新的成功，促进了校企合作创新绩效的提升，因而，企业物质冗余、人力资源冗余、财务冗余技术冗余对校企合作创新绩效会产生积极影响，遗憾的是，企业物质冗余与校企合作创新绩效的正相关关系不显著，可能的原因是，企业给校企合作创新项目投入的物质冗余必须是具有战略优势的物质资源才最有可能产生具有竞争优势的校企合作创新产出，若企业投入的物质冗余是普通的物质资源，由于物质资源的专有属性使得其转化为合作创新产出的难度大，并且其对校企合作创新产出的贡献没有人力资源冗余、财务冗余、技术冗余大，再加上我们的样本主要是中小企业，企业投入校企合作创新的物质冗余资源的绝对量、相对量都不多，难以对校企合作创新绩效产生重要影响，因而，物质冗余对校企合作创新绩效的正向影响不明显。

本书研究证实，企业知识吸收能力对企业物质冗余、人力资源冗余与校企合作创新驱动力之间的关系均具有正向调节作用；企业知识吸收能力对企业财务冗余、技术冗余与校企合作创新驱动力之间的关系也具有正向调节作用，但不显著。基于能力的观点，企业的知识吸收能力不同，对外部市场、技术知识的选择、消化、利用的能力不同，将外部市场、技术知识与企业冗余资源进行有效整合并转化为企业创新产出的能力不同。企业的知识吸收能力越强，企业吸收外部市场、技术知识的能力越强，企业对市场需求、高校技术与企业冗余资源的整合能力越强，对校企合作创新的预期、把控能力越强，因而，企业知识吸收能力对企业物质冗余、人力资源冗余、财务冗余、技术冗余与校企合作创新驱动力之间的关系均具有正向调节作用。遗憾的是，我们的实证研究表明，企业知识吸收能力对企业财务冗余、技术冗余与校企合作创新驱动力之间的关系的正向调节作用不显著，可能的原因是，由于财务冗余是通用型创新资源，企业的知识吸收能力越强，企业就越有可能、越有能力利用财务冗余支持自主创新，与此类似，企业的知识吸收能力越强，企业就越有可能、越有能力将技术冗余转化为企业的创新产出，从而，降低了校企合作创新的依赖，因而，企业知识吸收能力对企业财务冗余、技术冗余与校企合作创新驱动力之间的关系的正向调节作用不显著。

本书研究证实，企业知识吸收能力正向调节人力资源冗余、技术冗余与校企合作创新绩效之间的关系；企业知识吸收能力正向调节物质冗余与校企合作创新绩效之间的关系，但不显著；企业知识吸收能力负向调节财务冗余与校企合作创新绩效之间的关系，但不显著。企业的知识吸收能力越强，企业吸收外部市场、技术知识的能力越强，企业有效整合市场需求、合作高校技术、企业冗余资源的能力越强，从而能够通过校企合作创新将企业物质冗余、人力资源冗余、技术冗余有效转化为企业的创新产出，促进了校企合作创新绩效，因而，企业知识吸收能力对企业物质冗余、人力资源冗余、技术冗余与校企合作创新绩效之间的关系具有正向调节作用，而财务冗余不同于物质冗余、人力资源冗余、技术冗余，它是易于配置的通用创新资源，按照管理控制权的观点，知识吸收能力强的企业更倾向于将财务冗余投向自主创新，因而，企业知识吸收能力负向调节财务冗余与校企合作创新绩效之间的关系。遗憾的是，我们的实证研究表明，企业知识吸收能力虽然正向调节企业物质冗余与校企合作创新绩效之间的关系，但不显著，可能的原因是，企业的知识吸收能力越强，企业就越有可能、越有能力，独立将物质冗余转化为企业的创新产出，这样就降低了校企合作创新的投入，因而，企业知识吸收能力对企业物质冗余与校企合作创新绩效之间的关系的正向调节作用不显著；另外，我们的实证研究表明，企业知识吸收能力虽然负向调节财务冗余与校企合作创新绩效之间的关系，但不显著，可能的原因是，我们的样本主要是中小企业，企业的财务冗余的绝对量和相对量都不多，难以有效支持需要耗费大量创新资源的自主创新，企业不得不更多地寻求校企合作创新，因而，企业知识吸收能力负向调节财务冗余与校企合作创新绩效之间的关系不显著。

本书研究证实，企业技术创新能力负向调节物质冗余、人力资源冗余与校企合作创新绩效之间的关系；企业技术创新能力正向调节财务冗余与校企合作创新绩效之间的关系；企业技术创新能力负向调节技术冗余与校企合作创新绩效之间的关系，但不显著。企业的技术创新能力越强，企业整合内外部资源并转化为企业创新产出的能力越强，从而具备了更强的独立自主将企业物质冗余、人力资源冗余、技术冗余有效转化为企业的创新产出，一般说来，企业的物质冗余、人力资源冗余、技术冗余是与企业战略优势相关的资源，企业更倾向于通过自主创新，将企业物质冗余、人力资源冗余、技术冗余转化为企业的创新产出，这样就减少了投向校企合作创新的物质冗余、人力资源冗余、技术冗余，因而企业技术创新能力对物质冗余、人力资源冗余、技术冗余与校企合作创新绩效之间的关系具有负向调节作用。不同于物质冗余、人力资源冗余、技术冗余，财务冗余是易于配置的通用创新资源，是合作高校最需要、最喜欢的创新资源，技术创新能力强的企业具有相对较多的财务冗余，企业更具雄心追求具有良好前景的重大创新项目，而校企合作创新是企业获取具有重要价值的技术创新成果的最佳途径，因而企业技术创新能力对财务冗余与校企合作创新绩效之间的关系具有正向调节作用。遗憾的是，我们的实证研究表明，企业技术创新能力虽然负向调节技术冗余与校企合作创新绩效之间的关系，但不显著，可能的原因是，我们的样本主要是中小企业，企业的技术冗余的绝对量和相对量都不多，难以有效支持需要大量技术积累的自主创新，企业不得不更多地寻求校企合作创新，因而，企业技术创新能力负向调节技术冗余与校企合作创新绩效之间的关系不显著。

6.2 实践意义

6.2.1 企业层面的实践意义

本书研究结果对企业促进校企合作创新的发展具有非常重要的实践意义。现代企业技术创新是技术问题日益复杂、创新资源投入巨大的多学科交叉融合的技术创新，企业与高校合作创新是促进企业技术创新和可持续发展的必然选择。本书研究结果表明，企业的冗余资源并不必然是企业的超额成本，它不仅是企业创新的催化剂（方润生，2003），而且，它也是校企合作创新的催化剂，因而，企业保持较多的冗余资源，能够促进企业与高校合作创新，通过校企合作创新，使企业获得长足发展。

企业应保持足够的冗余资源，大力促进校企合作创新。我国校企合作创新面临的最大问题是校企合作创新的动力不足，表现为政府、高校积极推动校企合作创新，但企业不热心，校企合作创新难以突破。如何增强企业校企合作创新的动力，一直是理论与实践的难点，本书研究结果表明，企业的物质冗余、人力资源冗余、技术冗余与校企合作创新的驱动力显著正相关，因此，企业要加大对与企业战略优势相关的物质资源的投入，不断提高生产经营效率，创造更多的物质冗余；企业应加强人力资源的开发与管理，保持较多的人力资源冗余；企业还要加强技术创新，积极推动全员创新，不断增加技术冗余，从而不断增强企业校企合作创新的驱动力。

企业应根据不同的冗余资源类型选择合适的校企合作创新伙伴和校企合作创新模式。本书研究表明，人力资源冗余多的企业在选择合作高校时，更看重合作高校的技术；技术冗余多的企业在选择合作高校时，同等看重合作高校技术和合作高校专家；当企业选择校企合作创新模式时，物质冗余多的企业会优先考虑合作研发模式，人力资源冗余多的企业会优先考虑技术交易模式，财务冗余多的企业会优先考虑技术交易模式，技术冗余多的企业会优先考虑技术交易模式。因此，企业在选择合作高校伙伴时，应基于企业冗余资源的不同类型及不同冗余程度，来权衡合作高校技术和合作高校专家的优先权重；企业在选择校企合作创新模式时，若企业物质冗余较多，优先考虑合作研发模式，若企业物质冗余相对较少，企业具备较强的成果转化能力，企业应优先考虑技术交易模式。

企业应积极开发和发展冗余资源，促进校企合作创新的稳定和发展。本书研究表明，企业冗余资源正向影响校企合作创新的稳定性和绩效，其中，企业人力资源冗余、技术冗余与校企合作创新稳定性显著正相关，企业人力资源冗余、技术冗余、财务冗余与校企合作创新绩效显著正相关，因此，企业应加强人力资源的开发与管理、加大对技术创新的投入，保持较多的人力资源冗余、技术冗余、财务冗余，不仅可以提升校企合作创新绩效，而且，还能促进企业和高校的相互依赖，大力促进校企合作创新的长期稳定发展。本书研究结果表明，企业的人力资源冗余、技术冗余、财务冗余的均值分别为2.3479，3.4130、3.1841，平均偏低，尤其是人力资源冗余太低，不利于企业与高校合作创新，这也是当前我国校企合作创新困难重重的原因之一，因此，企业应大力加强人才的引进与培养，想方设法提高企业的人力资源冗余水平，从而不断促进校企合作创新的稳定发展，进而加快企业的创新和发展。

企业应加强知识吸收能力建设。本书研究表明，企业知识吸收能力不仅正向影响校企合作创新驱动力，而且还正向调节企业冗余资源与校企合作创新驱动力之间的关系，其中，企业知识吸收能力对企业物质冗余、人力资源冗余与校企合作创新驱动力之间的关系均具有显著的正向调节作用，因此，企业应加大对增强企业知识吸收能力的资源投入，不断提高企业的知识吸收能力，从而进一步增强校企合作创新驱动力，进一步增强企业物质冗余、人力资源冗余对校企合作创新的驱动力的正向促进作用，不断促进校企合作创新的形成与发展。本书研究还表明，企业知识吸收能力不仅正向影响校企合作创新绩效，而且还正向调节人力资源冗余、技术冗余与校企合作创新绩效之间的关系，因此，企业进一步加强知识吸收能力建设，不仅提高了校企合作创新驱动力，而且还提高了校企合作创新绩效，进一步增强了企业人力资源冗余、技术冗余对校企合作创新绩效的正向促进作用，从而进一步改进了校企合作创新绩效。

企业应加强技术创新能力建设。本书研究表明，企业技术创新能力正向影响校企合作创新绩效，企业技术创新能力负向调节物质冗余、人力资源冗余与校企合作创新绩效之间的关系，企业技术创新能力正向调节财务冗余与校企合作创新绩效之间的关系，因此，企业应加大对增强企业技术创新能力的资源投入，不断提高企业的技术创新能力，进一步增强企业财务冗余对校企合作创新绩效的正向促进作用，不断提高校企合作创新绩效。不过，企业在通过加强技术创新能力促进校企合作创新绩效的同时，要注意企业技术创新能力对企业物质冗余、人力资源冗余与校企合作创新绩效之间的关系的负面影响问题，要清楚这些负面影响的根本原因还是管理控制权、近期利益与长远利益的平衡的问题，现代企业技术创新日益复杂，企业要着眼长远发展，进一步加强校企合作创新，才能使企业在科学技术日新月异的未来立于不败之地。

6.2.2 高校层面的实践意义

本书研究结果对高校促进校企合作创新的发展具有非常重要的实践意义。人才培养、科学研究、社会服务是高校的三大基本职能，高校的人才培养、科学研究必须应用于社会发展，才能实现其最终价值，因而与企业合作创新是高校促进高校人才培养、科学研究的必然选择。本书研究结果表明，企业的冗余资源越多，越有意愿和能力进行校企合作创新，并大力支持与高校的合作创新，努力促进校企合作创新绩效的不断提高，因此，高校在选择合作创新的企业伙伴时，既要看校企双方合作创新资源的互补性，又要看企业的冗余资源的不同类型及其冗余程度，采取合适的合作模式，从而更有效地促进校企合作创新的形成和发展。

高校应加强与人力资源冗余、技术冗余较多的企业合作。本书研究表明，企业人力资源冗余、技术冗余均与校企合作创新驱动力显著正相关，均与校企合作创新稳定性显著正相关，均与校企合作创新绩效显著正相关，因此，高校在选择合作创新的企业伙伴时，尽量选择与人力资源冗余、技术冗余较多的企业合作，这样，校企合作创新易于达成，以后的校企合作创新发展会更顺畅；并且，在合作创新过程中，还要加强对合作企业的人才培养和技术创新指导，大力增加合作企业的人力资源冗余、技术冗余，特别是在达成校企合作创新的合作企业的人力资源冗余、技术冗余不足的情况下，更要加强合作企业的人力资源冗余、技术冗余的积累，只有这样，才能更好地促进校企合作创新的健康稳定发展。

高校应根据合作创新项目实际，选择和加强与物质冗余、财务冗余较多的企业合作。本书研究表明，不同于“企业人力资源冗余、技术冗余均与校企合作创新驱动力、稳定性、绩效显著正相关”，企业物质冗余仅与校企合作创新驱动力显著正相关，企业财务冗余仅与校企合作创新绩效显著正相关，因此，高校在选择与物质冗余较多的企业合作创新时，必须考虑合作创新项目能否帮助企业将物质冗余转化为企业的创新产出，同时，在合作创新过程中，还要加强对合作企业的人才培养和技术创新指导，大力增加合作企业的人力资源冗余、技术冗余，只有这样，才能更好地促进校企合作创新的健康稳定发展；高校在选择与财务冗余较多的企业合作创新时，必须考虑到这类企业的校企合作创新动力不足，合作创新项目的价值要对企业具有足够的吸引力，才有可能达成校企合作创新，同时，在合作创新过程中，既要充分利用企业的财务冗余提升校企合作创新绩效，还要加强对合作企业的人才培养和技术创新指导，大力增加合作企业的人力资源冗余、技术冗余，只有这样，才能不断改进校企合作创新绩效。

高校应加强与知识吸收能力强、技术创新能力适度的企业合作。本书研究表明，企业知识吸收能力、技术创新能力均与校企合作创新驱动力、绩效显著正相关，企业知识吸收能力显著正向调节企业物质冗余、人力资源冗余与校企合作创新驱动力之间的关系、显著正向调节人力资源冗余、技术冗余与校企合作创新绩效之间的关系；企业技术创新能力显著正向调节财务冗余与校企合作创新绩效之间的关系，但显著负向调节物质冗余、人力资源冗余与校企合作创新绩效之间的关系，因此，高校应选择和加强与知识吸收能力强、技术创新能力适度的企业合作，这类企业校企合作创新动力足，有较强的能力促进校企合作创新的形成与绩效提升，不过，要注意技术创新能力强的企业的独立倾向的不利合作的影响，一方面，尽量选择与技术创新能力适度的企业进行合作创新，另一方面，要让技术创新能力强的企业确信校企合作创新更有利于企业的长远发展，只有这样，才能促进校企合作创新的可持续发展。

高校应根据企业冗余资源的不同类型及其冗余程度选择合适的校企合作创新模式。本书研究表明，当企业选择校企合作创新模式时，物质冗余多的企业会优先考虑合作研发模式，人力资源冗余多的企业、财务冗余多的企业、技术冗余多的企业会优先考虑技术交易模式，因此，高校在与物质冗余多的企业、人力资源冗余不多的企业、财务冗余不多的企业、技术冗余不多的企业洽谈合作创新项目时，优先考虑以合作研发模式为基础的合作创新，更容易成功；在与物质冗余不多的企业、人力资源冗余多的企业、财务冗余多的企业、技术冗余多的企业洽谈合作创新项目时，优先考虑以技术交易模式为基础的合作创新，更容易成功，并且，以后的校企合作创新也会更顺畅。

6.3 研究结论

总体而言，本书实现了预期的研究目标，通过实证研究，得出了以下主要研究结论：

6.3.1　不同的企业冗余资源会对校企合作创新的形成产生不同的影响

企业冗余资源类型及其冗余程度不同，对校企合作创新驱动力的影响不同。企业物质冗余、人力资源冗余、技术冗余均显著正向影响校企合作创新驱动力，因此，企业要通过不断提高生产经营效率，创造更多的与企业战略优势相关的物质冗余；通过加强人力资源开的发与管理，产生更多的人力资源冗余；通过积极推动全员创新，创造更多的技术冗余，从而使企业保持较多的物质冗余、人力资源冗余、技术冗余，进而不断增强企业的校企合作创新的驱动力。

企业冗余资源类型及其冗余程度不同，对高校合作伙伴选择的影响不同。人力资源冗余多的企业在选择合作高校时，更看重合作高校的技术；技术冗余多的企业在选择合作高校时，同等看重合作高校技术和合作高校专家；物质冗余多的企业在选择合作高校时，虽然更看重合作高校技术，但不显著；财务冗余多的企业在选择合作高校时，虽然更看重合作高校专家，但不显著。因此，企业在选择合作高校伙伴时，应根据于企业冗余资源的不同类型及不同冗余程度，来确定看重合作高校技术和看重合作高校专家的优先权重，从而快速提高高校合作伙伴选择的成功率。

企业冗余资源类型及其冗余程度不同，对校企合作创新模式选择的影响不同。物质冗余多的企业会优先考虑合作研发模式，人力资源冗余多的企业、财务冗余多的企业、技术冗余多的企业会优先考虑技术交易模式，因此，企业在选择校企合作创新模式时，应在企业物质冗余、人力资源冗、财务冗余、技术冗余的绝对量和相对量的比较分析的基础上，选择适合的校企合作创新模式，从而促进校企合作创新的顺利进行。

6.3.2 不同的企业冗余资源会对校企合作创新合作效果产生不同的影响

企业冗余资源类型及其冗余程度不同，对校企合作创新稳定性的影响不同。企业人力资源冗余、技术冗余显著正向影响校企合作创新稳定性，企业物质冗余、财务冗余虽然正向影响校企合作创新稳定性，但不显著，因此，企业应加强人力资源的开发与管理、积极推进全员创新，不断提高企业的人力资源冗余和技术冗余水平，进而促进高校和企业资源的相互依赖，不断提高校企合作创新稳定性。

企业冗余资源类型及其冗余程度不同，对校企合作创新绩效的影响不同。企业人力资源冗余、财务冗余、技术冗余显著正向影响校企合作创新绩效，企业物质冗余虽然正向影响校企合作创新绩效，但不显著，因此，企业应加强经营管理，提高生产经营效率和市场份额，使企业保持较多的力资源冗余、财务冗余、技术冗余，从而促进校企合作创新绩效的不断提高。

6.3.3 企业能力能够调节企业冗余资源与校企合作创新之间的关系

企业知识吸收能力对企业冗余资源与校企合作创新驱动力之间的关系具有正向调节作用。企业知识吸收能力与校企合作创新驱动力显著正相关，企业知识吸收能力对企业物质冗余、人力资源冗余与校企合作创新驱动力之间的关系均具有显著的正向调节作用，因此，企业应加强企业知识吸收能力建设，通过提高企业知识吸收能力来促进校企合作创新驱动力的提高，通过提高企业知识吸收能力来进一步增强企业物质冗余、人力资源冗余对校企合作创新的驱动力的正向促进作用，进而促进校企合作创新的形成与发展。

企业能力对企业冗余资源与校企合作创新绩效之间的关系具有调节作用。企业知识吸收能力与企合作创新绩效显著正相关，对人力资源冗余、技术冗余与校企合作创新绩效之间的关系均具有显著的正向调节作用；企业技术创新能力与校企合作创新绩效显著正相关，对财务冗余与校企合作创新绩效之间的关系均具有显著的正向调节作用，对物质冗余、人力资源冗余与校企合作创新绩效之间的关系均具有显著的负向调节作用，因此，企业应加强知识吸收能力和技术创新能力建设，进一步增强知识吸收能力对企业人力资源冗余、技术冗余与校企合作创新绩效之间关系的正向调节作用，进一步增强企业技术创新能力对财务冗余与校企合作创新绩效之间的关系的正向调节作用，降低企业技术创新能力对企业物质冗余、人力资源冗余与校企合作创新绩效之间的关系的负面影响，从而进一步改进校企合作创新绩效。

参考文献

[1] 安宇宏. 知识经济时代校企合作的形式与展望 [J]. 东北大学学报（社会科学版），2004，6（2）：105－107.

[2] 毕丹. 产学研合作伙伴选择研究 [D]. 东北大学，2008.

[3] 毕克新，周欣荣，姜照华. 可持续发展的产学研联合的机制 [J]. 科学学研究，1997，15（4）：50－55.

[4] 毕晓方，姜宝强. 公司财务冗余的理论阐释和研究述评 [J]. 会计之友，2012（6下）：23－27.

[5] 曹达华，朱桂龙，邓颖翔. 吸收能力对校企合作绩效的影响 [J]. 科技进步与对策，2013，30（3）：5－9.

[6] 曹霞，刘国巍，付向梅. 基于偏好和动态直觉的产学研合作伙伴选择群决策分析 [J]. 运筹与管理，2013，22（4）：33－41.

[7] 曹霞，于娟. 产学研合作创新稳定性研究 [J]. 科学学研究，2015，33（5）：741－747.

[8] 曹霞，宋琪. 基于企业 QFD 和改进 VIKOR 法的产学研合作伙伴选择研究 [J]. 科技管理研究，2016（8）：91－97.

[9] 陈光华，杨国梁. 边界效应对跨区域产学研合作创新绩效的影响研究——来自广东省的证据 [J]. 研究与发展管理，2015，27（1）：92－99.

[10] 陈龙波，赵永彬，李垣. 基于产品创新的科研人员组合激励研究 [J]. 科学学与科学技术管理，2007（9）：158－161.

[11] 陈晓红，王艳，关勇军．财务冗余、制度环境与中小企业研发投资［J］．科学学研究，2012，30（10）．

[12] 陈钰芬．探求与企业特质相匹配的开放式创新模式［J］．科研管理，2013，34（9）：27－35．

[13] 崔新健，宫亮亮．跨国公司在中国选择高校 R&D 合作伙伴的影响因素［J］．中国软科学，2008（1）：34－40．

[14] 邓颖翔，朱桂龙．产学研合作绩效的测量研究［J］．科技管理研究，2009（11）：468－470．

[15] 丁堃．产学研合作的动力机制分析［J］．科学管理研究，2000，18（6）：42－44．

[16] 段海艳．突发事件下冗余资源与企业绩效关系研究——以西南干旱事件为例［J］．财会通讯，2016（1）：24－28．

[17] 段小华，鲁若愚．基于资源的企业能力理论述评［J］．经济评论，2002（6）：111－113．

[18] 方润生，王长林．组织冗余理论研究综述［J］．中原工学院学报，2008（3）：13－18．

[19] 方润生，龚毅．企业的冗余资源极其潜在价值［J］．经济经纬，2003（6）：85－87．

[20] 方润生，李雄诒．组织冗余的利用对中国企业创新产出的影响［J］．管理工程学报，2005，19（3）：15－20．

[21] 方润生，陆振华，王长林，冯玉强．不同类型冗余资源的来源及其特征：基于决策方式视角的实证分析［J］．预测，2009，28（5）：59－64．

[22] 方润生．企业冗余资源与技术创新之间的关系研究［D］．西安交通大学，2003．

[23] 封伟毅，张肃．产学研合作对高技术企业创新绩效的影响——基于中国 2006～2015 年数据的实证分析［J］．工业技术经

济，2017（7）：150－155.

［24］付俊超．产学研合作的运行机制与绩效评价研究——以湖北省为例［D］．中国地质大学，2013.

［25］傅家骥．技术创新学［M］．北京：清华大学出版社，2005.

［26］高良谋，李宇．企业规模与技术创新倒U关系的形成机制与动态拓展［J］．管理世界，2009（8）：113－123.

［27］郜振廷，赵江娜．校企合作技术创新的博弈分析［J］．经济与管理，2007，21（11）：49－52.

［28］公艳，王成军，窦德强．校企合作创新模式选择的博弈分析［J］．软科学，2009，23（4）：61－64.

［29］巩杰，李金生．高技术企业组织冗余开发模型研究［J］．科技进步与对策，2012，29（12）：80－84.

［30］郭立新，陈传明．组织冗余与企业技术创新绩效的关系研究——基于中国制造业上市公司面板数据的实证分析［J］．科学学与科学技术管理，2010，31（11）：52－60.

［31］贺璐．校企合作创新动力机制与利益机制研究［D］．吉林大学，2013.

［32］黄汉民．组织能力：形成企业竞争优势的基础［J］．中南财经政法大学学报，2002（6）：114－118.

［33］黄劲松．产学研合作创新为什么需要信任？一个逻辑思辨［J］．自然辩证法研究，2017，33（2）：54－58.

［34］黄小瑜，孙明贵．产学研合作的形成与高校动机分析［J］．中国高校科技，2016（4）：39－41.

［35］江积海，宣国良．企业动态能力与战略租的创造机理研究［J］．生产力研究，2005（9）：178－179.

［36］姜针针，陈媛媛．组织冗余研究脉络及其发展趋势评述

[J]. 科技与产业，2012，12 (7)：84－87.

[37] 姜忠辉，边伟军. 基于互补性资源的企业规模与合作创新 [J]. 江汉论坛，2007 (3)：36－38.

[38] 蒋春燕，赵曙明. 组织冗余与绩效的关系：中国上市公司的时间序列实证研究 [J]. 管理世界，2004 (5)：108－115.

[39] 蒋丹. 论我国高校校企合作模式的创新 [J]. 四川师范大学学报 (社会科学版)，2007，34 (1)：71－75.

[40] 蒋伏心，季柳. 产学研合作对企业技术创新的影响——基于门槛回归的实证研究 [J]. 华东经济管理，2017，31 (7)：132－138.

[41] 景临英，薛耀文，李亨英，张朋柱. 基于不同心理与需求的校企合作博弈研究 [J]. 科学学研究，2008，26 (Suppl)：171－177.

[42] 李成龙，刘智跃. 产学研耦合互动对创新绩效影响的实证研究 [J]. 科研管理，2013，34 (3)：23－30.

[43] 李光红，杨晨. 校企合作创新内部化模式优化研究 [J]. 东岳论丛，2007，28 (3)：194－196.

[44] 李光红. 校企合作创新的演化博弈分析 [J]. 科技管理研究，2007 (8)：153－154.

[45] 李妹，高山行. 企业家导向、未吸收冗余与自主创新关系研究 [J]. 科学学研究，2011，29 (11)：1720－1727.

[46] 李妹，高山行. 环境不确定性、组织冗余与原始性创新的关系研究 [J]. 管理评论，2014，26 (1)：47－56.

[47] 李山. 基于校企知识转移的企业开放式创新研究 [D]. 江西财经大学，2013.

[48] 李文君，刘春林. 经济危机环境下冗余资源与公司绩效的关系研究——基于行业竞争强度的调节作用 [J]. 当代经济科

学，2011，33（5）：85－91.

[49] 李晓翔，刘春林．高流动性冗余资源还是低流动性冗余资源——一项关于组织冗余结构的经验研究［J］．中国工业经济，2010（7）：94－103.

[50] 李鑫伟．国内产学研合作动机与影响因素研究综述［J］．科技和产业，2013，13（5）：84－87.

[51] 李璇．校企合作技术创新风险影响因素研究［J］．价值工程，2009（7）：50－53.

[52] 李怡靖．企业能力理论综述［J］．云南财贸学院学报，2003，19（5）：36－40.

[53] 李宇，高良谋，关伟．企业控制力的视角：技术创新与企业规模的动态研究［J］．辽宁师范大学学报（自然科学版），2006，29（4）：485－488.

[54] 李政，金晓彤．产学合作的性质、因素与模式研究综述［J］．中共宁波市委党校学报，2008（4）：83－87.

[55] 连军．组织冗余、政治联系与民营企业 R&D 投资［J］．科学学与科学技术管理，2013，34（1）：3－11.

[56] 梁招娣，陈小平，孙延明．基于多维度 Nash 协商模型的校企合作创新联盟利益分配方法［J］．科技管理研究，2015（15）：203－207.

[57] 林筠，刘伟，何婕．企业社会资本与技术创新能力的关系研究：合作的中介作用［J］．科技管理研究，2009（4）：152－155.

[58] 刘冰峰，王培根，胡春华．校企合作创新模式的借鉴及实施策略［J］．商业时代，2008（34）：65－66.

[59] 刘超，刘新梅，李沐涵．组织创造力与组织创新绩效：战略导向的调节效应［J］．科研管理，2013，34（11）：95－102.

[60] 刘和东，谢婷．基于技术许可的校企合作创新利益分配研究 [J]. 南京工业大学学报（社会科学版），2016，14 (4)：91 -95.

[61] 刘克寅，宣勇，池仁勇．校企合作创新的协调失灵、再匹配与发展机制——基于省际校企合作创新的面板数据分析 [J]. 科研管理，2015，36 (10)：35 -43.

[62] 刘克寅，宣勇．高校与企业开展合作创新的匹配规律及对策研究——以浙江省校企合作创新为例 [J]. 高等工程教育研究，2014 (4)：50 -56.

[63] 刘小斌，罗建强，韩玉启．产学研协同的技术创新扩散模式研究 [J]. 科学学与科学技术管理，2008 (12)：48 -52.

[64] 卢方元，常大华．基于演化博弈的产学研合作创新稳定性分析 [J]. 科技管理研究，2015 (16)：100 -105.

[65] 鲁若愚，傅家骥，王念星．校企合作创新的属性演化及对分配方式的影响 [J]. 中国软科学，2003 (10)：153 -160.

[66] 吕璞，林莉．开放式自主创新背景下校企合作模型及仿真 [J]. 科技进步与对策，2012，29 (22)：112 -117.

[67] 马艳秋．校企共建创新平台的运行机制研究 [D]. 吉林大学，2009.

[68] 孟克，陆连军，王娟．创新型国家建设中的校企合作 [J]. 大学研究与评价，2009 (9)：39 -44.

[69] 孟庆伟，孙建辉．校企合作创新动态过程案例研究 [J]. 自然辩证法研究，2010，26 (4)：89 -94.

[70] 牛泽东，张倩肖，王文．高技术产业的企业规模与技术创新——基于非线性面板平滑转换回归 (PSTR) 模型的分析 [J]. 中央财经大学学报，2012 (10)：68 -74.

[71] 皮星，孟卫东，黄波．基于道德风险的校企合作创新序

列机制设计：一种不可再协商契约的视角［J］. 科技进步与对策，2010，27（7）：17－21.

［72］冉敏. 论冗余资源与扭转战略选择［J］. 重庆大学学报（社会科学版），2007，13（6）：37－42.

［73］任初明. 资源依赖：产学研结合的动力——华中数控产学研结合案例研究［J］. 高等工程教育研究，2008（6）：28－31.

［74］宋晶，陈菊红，孙永磊. 不同地域文化下网络搜寻对合作创新绩效的影响［J］. 管理科学，2014，27（3）：39－49.

［75］苏中锋，李嘉. 吸收能力对产品创新性的影响研究［J］. 科研管理，2014，35（5）：62－69.

［76］孙爱英，苏中锋. 资源冗余对企业技术创新选择的影响研究［J］. 科学学与科学技术管理，2008（5）：60－64.

［77］孙建辉，宋颖，孟庆伟. 从哈工大与成飞的合作看校企合作创新中应重视的几个问题［J］. 科技管理研究，2011（9）：19－23.

［78］孙雷. 地方高校校企合作的对策思考［J］. 中国成人教育，2008（5）：47－48.

［79］王艳，贺新闻，梁莱歆. 不同产权性质下企业组织冗余与自主创新投入关系研究——来自中国上市公司的经验数据［J］. 科学学与科学技术管理，2011，32（7）：140－147.

［80］王海威，朱建忠，许庆瑞. 技术创新能力及其测度指标研究综述［J］. 中国地质大学学报（社会科学版），2005，5（5）：26－30.

［81］王娜，衣长军. 中国在美上市公司冗余资源对创新强度的影响和国际多元化程度的调节作用［J］. 管理学报，2016，13（3）：440－446.

［82］王文亮，黄淑华. 校企合作创新网络特征对知识转移绩

效的影响机制——基于河南省的实证分析 [J]. 技术经济, 2012, 31 (5): 24-28.

[83] 王文亮, 晋晶晶, 肖美丹, 吴静. 河南省校企合作知识集成耦合机制的实证研究 [J]. 技术经济, 2013, 32 (10): 68-72.

[84] 王文亮, 刘岩. 校企合作创新网络运行机制调查分析——以河南省为例 [J]. 技术经济, 2011, 30 (8): 32-39.

[85] 王昕红, 崔瑞锋, 陆根书, 席酉民, 梁磊. 加强产学研合作, 推动企业技术创新——基于企业的视角 [J]. 高等工程教育研究, 2007 (2): 32-36.

[86] 王亚妮, 程新生. 环境不确定性、沉淀性冗余资源与企业创新——基于中国制造业上市公司的经验证据 [J]. 科学学研究, 2014, 32 (8): 1242-1249.

[87] 王艳, 贺新闻, 梁莱歆. 不同产权性质下企业组织冗余与自主创新投入关系研究——来自中国上市公司的经验数据 [J]. 科学学与科学技术管理, 2011, 32 (7): 140-147.

[88] 王艳丽, 薛耀文. 基于企业视角的促进校企合作效果的实证分析 [J]. 科学学研究, 2010, 28 (7): 1082-1087.

[89] 王玉梅, 林双. 基于知识创新与人才管理双因素的企业技术创新促进对策研究 [J]. 华中农业大学学报 (社会科学版), 2012 (1): 70-75.

[90] 温忠麟, 刘红云, 侯杰泰. 调节效应和中介效应分析 [M]. 北京: 教育科学出版社, 2012.

[91] 文青, 方润生. 影响高校技术知识向企业转移的主要因素研究 [J]. 中原工学院学报, 2010, 21 (6): 34-41.

[92] 吴明隆, 涂金堂. SPSS 与统计应用分析 [M]. 大连: 东北财经大学出版社, 2012.

[93] 吴明隆. 问卷统计分析实务——SPSS 操作与应用 [M].

重庆：重庆大学出版社，2011.

[94] 吴清华，王平心．审计委员会治理：防范校企合作创新中逆向选择风险的作用 [J]. 管理工程学报，2008，22 (1)：137-139.

[95] 吴月瑞，崔毅．财务冗余程度对企业创新模式的影响研究 [J]. 华南理工大学学报（社会科学版），2009 (5).

[96] 伍勇，梁巧转，魏泽龙．双元技术创新与市场导向对企业绩效的影响研究：破坏性创新视角 [J]. 科学学与科学技术管理，2013，34 (6)：140-151.

[97] 夏维力，李晓歌．校企合作创新网络信任与知识转移的演化关系研究 [J]. 软科学，2015，29 (1)：53-59.

[98] 谢科范，陈云，董芹芹．我国产学研结合传统模式与现代模式分析 [J]. 科学管理研究，2008 (2)：13-14.

[99] 邢乐斌，王旭，代应，陈嘉佳．基于资源投入的技术创新战略联盟稳定性研究 [J]. 科技进步与对策，2010，27 (13)：1-4.

[100] 杨东林，孟波．校企合作对提高企业技术创新的促进作用 [J]. 工业技术经济，2010，29 (4)：52-54.

[101] 杨东升，卞慰萱，张永安．校企合作创新方式选择的博弈分析 [J]. 科研管理，2008，29 (ZK)：29-31.

[102] 杨建君，梅晓芳，陈曼．合作创新的伙伴选择：一个综合评价体系 [J]. 科技管理研究，2009 (1)：6-9.

[103] 杨菊萍，贾生华．知识扩散路径、吸收能力与区域中小企业创新——基于浙江省3个传统制造业集群的实证分析 [J]. 科研管理，2009，30 (5)：17-24.

[104] 尹雪英，黄瑞华．企业动态联盟成员间法律关系和技术成果的归属分析 [J]. 科技进步与对策，2003 (5)：29-31.

[105] 原毅军，田宇，孙佳．产学研技术联盟稳定性的系统动力学建模与仿真 [J]．科学学与科学技术管理，2013，34 (4)：3-9.

[106] 詹美求，潘杰义．校企合作创新利益分配问题的博弈分析 [J]．科研管理，2008，29 (1)：8-14.

[107] 张昌松，鲁若愚，阎虹，熊先德．大学——企业合作创新选择因素分析 [J]．软科学，2002，16 (1)：85-88.

[108] 张洪剑．基于集对分析法的校企合作创新风险的综合评价研究 [J]．河南农业大学学报，2012，46 (2)：233-236.

[109] 张婧，段艳玲．市场导向组织变革的动力机制研究 [J]．科研管理，2013，34 (10)：109-117.

[110] 张婧娴，方润生．影响高校技术知识向企业扩散的因素：基于能力视角的研究述评 [J]．中原工学院学报，2010，21 (6)：27-32.

[111] 张奇，张志刚，王晓蓬．基于技术许可的校企合作创新博弈模型构建研究 [J]．科学学研究，2009，27 (6)：941-945.

[112] 张晓昱，朱慧明，吴宣明．动态环境调节下财务冗余结构对企业绩效的影响研究——以中国制造业为例 [J]．软科学，2014，28 (8)：125-129.

[113] 张玉利，田新，王晓文．有限资源的创造性利用——基于冗余资源的商业模式创新：以麦乐送为例 [J]．经济管理，2009，31 (3)：119-125.

[114] 张裕稳，吴洁，李鹏，吴小桔，周潇．创新能力视角下基于双边匹配的产学研合作伙伴选择 [J]．江苏科技大学学报（自然科学版），2015，29 (5)：488-495.

[115] 赵立祥，张文源．创业投资对组织冗余与企业绩效关系的影响研究 [J]．当代经济科学，2015，37 (2)：114-123.

[116] 赵亚普，李立. 开放情境下组织冗余对企业创新的影响研究 [J]. 科学学与科学技术管理，2015，36 (7)：84 - 92.

[117] 赵亚普，张文红，陈斯蕾. 动态环境下组织冗余对企业探索的影响研究 [J]. 科研管理，2015，35 (2)：10 - 16.

[118] 钟和平，张旭梅，方润生. 财务冗余与企业绩效的关系 [J]. 管理现代化，2008 (5)：31 - 33.

[119] 钟和平，张旭梅，方润生. 人力资源冗余与技术创新的关系 [J]. 科技进步与对策，2009 (14)：134 - 137.

[120] 钟和平. 任务导向、财务冗余与企业创新绩效 [J]. 企业经济，2015 (11)：62 - 67.

[121] 钟和平. 企业规模、人力资源冗余与校企合作创新绩效 [J]. 许昌学院学报，2016，35 (4)：116 - 121.

[122] 仲伟俊，梅姝娥，谢园园. 产学研合作技术创新模式分析 [J]. 中国软科学，2009 (8)：174 - 181.

[123] 周方召，符建华，仲深. 外部融资、企业规模与上市公司技术创新 [J]. 科研管理，2014，35 (3)：116 - 122.

[124] 周正，尹玲娜，蔡兵. 我国产学研协同创新动力机制研究 [J]. 软科学，2013，7 (7)：52 - 56.

[125] 朱桂龙，彭有福. 产学研合作创新网络组织模式及其运作机制研究 [J]. 软科学，2003 (4)：51 - 52.

[126] 邹国庆，倪昌红. 经济转型中的组织冗余与企业绩效：制度环境的调节作用 [J]. 中国工业经济，2010 (11)：120 - 129.

[127] 祖廷勋，张云虎，陈天仁，罗光宏. 产学研合作创新的动力机制——基于新制度经济学层面的分析 [J]. 河西学院学报，2006，22 (1)：24 - 27.

[128] Adams, G. L., Lamont, B. T. Knowledge management systems and developing sustainable competitive advantage [J]. Journal of

Knowledge Management, 2003, 7 (2): 142 – 54.

[129] Ankrah, Samuel, Omar AL – Tabbaa. Universities-industry collaboration: A systematic review [J]. Scandinavian Journal of Management, 2015, 31: 387 – 408.

[130] Astley, W. G. Sources of power in organizational life organizational life [D]. doctoral dissertation, Accession No. 7820699, Retrieved from ProQuest Information & Learning, 1978.

[131] Attia, Ahmed M. National innovation systems in developing countries: Barriers to university-industry collaboration in egypt [J]. International Journal of Technology Management & Sustainable Development, 2015, 14 (2): 113 – 124.

[132] Barnard, C. I. Functions of the Executive [M]. Harvard University Press, Cambridge, MA, 1938.

[133] Boardman, P. C., Ponomariov, B. L. University researchers working with private compagnie [J]. Technovation, 2009, 29: 142 – 153.

[134] Boardman, P. Craig. Government centrality to university-industry interactions: University research centers and the industry involvement of academic researchers? [J]. Research Policy, 2009, 38: 1505 – 1516.

[135] Bodas Freitas, Isabel, Verspagen, Bart. The motivations, institutions and organization of university-industry collaboration in the Netherlands [J]. Journal of Evolutionary Economics, 2017, 27 (3): 379 – 412.

[136] Bourgeois, L. J., Singh, J. V. Organizational slack and political behavior among top management teams. Academy of Management Proceedings. 1983: 43 – 47.

[137] Bourgeois, L. J. On the measurement of organizational slack [J]. Academy of Management Review, 1981, 6: 29 - 39.

[138] Bowman, E. H. Risk seeking by troubled firms [J]. Sloan Management Review, 1982, 23 (4): 33 - 42.

[139] Bromiley, P. Testing a causal model of corporate risk taking and performance [J]. Academy of Management Journal, 1991, 34 (1): 37 - 59.

[140] Bruneel Johan, Pablo D'Este, Ammon Salter. The impact of financial slack on explorative and exploitative knowledge sourcing from universities: evidence from the UK [J]. Industrial and Corporate Change, 2015, 1 - 18.

[141] Bruneel Johan, Pablo D'Esteb, Ammon Salter. Investigating the factors that diminish the barriers to university-industry collaboration [J]. Research Policy, 2010, 39: 858 - 868

[142] Bstieler L. The moderating effect of environmental uncertainty on new product development and time efficiency [J]. Journal of Product Innovation Management, 2005, 22 (3): 267 - 284.

[143] Bstieler, Ludwig, Hemmert, Martin, Barczak, Gloria. Trust Formation in University-Industry Collaborations in the U. S [J]. Journal of Product Innovation Management, 2015, 32 (1): 111 - 121.

[144] Chen, Chung - Jen, Hsiao, Yung - Chang, Chu, Mo - An, Hu, Kae - Kuen. The Relationship between Team Diversity and New Product Performance: The Moderating Role of Organizational Slack [J]. IEEE Transactions on Engineering Management, 2015, 62 (4): 568 - 577.

[145] Cheng, J. L. C., Kesner, I. F. Organizational slack and

response to environmental shifts: The impact of resource allocation patterns [J]. Journal of Management, 1997, 23 (1): 1 – 18.

[146] Child, J. Organizational structure, environment, and performance: the role of strategic choice [J]. Sociology, 1972, 6: 2 – 22.

[147] Chiu, Yi – Chia and Yi – Ching Liaw. Organizational slack: is more or less better? [J]. Journal of Organizational Change Management, 2009, 22 (3): 321 – 342.

[148] Chung – Jen Chen, Yi – Fen Huang. Creative workforce density, organizational slack, and innovation performance [J]. Journal of Business Research, 2010, 63: 411 – 417.

[149] Cohen, W. M., Florida, R., Randazzese, L., & Walsh, J. Industry and the academy: Uneasy partners in the cause of technological advance. In R. Noll (Ed.), The future of the research university. Washington, DC: Brookings Institution Press, 1998.

[150] Cohen, W. M., Levinthal, D. A. Absorptive Capacity: A New Perspective on Learning and Innovation [J]. Administrative Science Quarterly, 1990, 35 (1): 128 – 152.

[151] Cyert, R. M., & Goodman, P. S. Creating effective university-industry alliances: An organizational learning perspective [J]. Organizational Dynamics, 1997, 25: 45 – 57.

[152] Cyert, R. M., March, J. G. A behavioral theory of the firm [M]. Prentice – Hall, Englewood Cliffs, NJ. 1963.

[153] Damanpour, F. The adoption of technological, administrative, and ancillary innovations: Impact of organizational factors [J]. Journal of Management, 1987, 13: 675 – 688.

[154] Daniel, F., Lohrkeb, F. T., Fornaciaric, C. J. Slack resources and firm performance: a meta-analysis. Journal of business Re-

search, 2004, 57 (6): 565 - 574.

[155] Desarbo W. S., Di Benedetto C. A., Song M., Sinha I. Revisiting the miles and snow strategic framework: uncovering interrelationships between strategic types, capabilities, environmental uncertainty, and firm performance [J]. Strategic Management Journal, 2005, 26 (1): 47 - 74.

[156] Dutta, Dev K., Shavin Malhotra, PengCheng Zhu. Internationalization process, impact of slack resources, and role of the CEO: The duality of structure and agency in evolution of cross-border acquisition decisions [J]. Journal of World Business, 2016, 51: 212 - 225.

[157] Eisenhardt, K. M. Making fast strategic decisions in high-velocity environments [J]. Academy of Management Journal, 1989, 32 (3): 543 - 576.

[158] Fadol, Yasir, Belal Barhem, Said Elbanna. Management Decision [J]. 2015, 53 (5): 1023 - 1044.

[159] Frasquet, M., Calderón, H., Cervera, A.. University-industry collaboration from a relationship marketing perspective: an empirical analysis in a Spanish University [J]. High Education, 2012, 64: 85 - 98.

[160] Freitas, Isabel Maria Bodas, Geuna, Aldo, Rossi, Federica. Finding the right partners: Institutional and personal modes of governance of university-industry interactions [J]. Research Policy, 2013, 42 (1): 50 - 62.

[161] Freitas, Isabel Maria Bodas, Marques, Rosane Argou, Silva, Evando Mirra de Paulae. University-industry collaboration and innovation in emergent and mature industries in new industrialized countries [J]. Research Policy, 2013, 42: 443 - 453.

[162] Galbraith, J. R. Designing Complex Organizations [M]. Addison – Wesley, Reading, MA, 1973.

[163] Gaughan, M., Corley, E. A. Science faculty at US research universities: the impacts of university research center-affiliation and gender on industrial activities [J]. Technovation, 2010, 30: 215 – 222.

[164] Geiger, S. W., Cashen, L. H. A multinational examination of slack and its impact on innovation [J]. Journal of Managerial Issues, 2002, 14 (1): 68 – 84.

[165] Geiger, S. W., Makri, M. Exploration and exploitation innovation process: The role of organizational slack in R&D intensive firms [J]. Journal of High Technology Management Research, 2006, 17 (1): 97 – 108.

[166] Geisler, E. Industry-university technology cooperation: A theory of inter-organizational relationships [J]. Technology Analysis & Strategic Management, 1995, 7: 217 – 229.

[167] George, G. Slack resources and the performance of privately held firms [J]. Academy of Management Journal, 2005, 48 (4): 661 – 676.

[168] George, G., Zahra, S. A., Wood, D. R. The effects of business-university alliances on innovative output and financial performance: A study of publicly traded biotechnology companies [J]. Journal of Business Venturing, 2002, 17: 577 – 609.

[169] Giuliani, E., Arza, V. What drives the formation of "valuable" university-industry linkages? Insights from the wine industry [J]. Research Policy, 2009, 38: 906 – 921.

[170] Guerzoni, Marco, T. Taylor Aldridge, David B. Audretsch,

Sameeksha Desai. A new industry creation and originality: Insight from the funding sources of university patents [J]. Research Policy, 2014, 43: 1697 - 1706.

[171] Hambrick, D. C. and Snow, C. C. A contextual model of strategic decision making in organizations [J]. Academy of Management Proceedings, 1977 (1): 109 - 112.

[172] Harman, G., & Sherwell, V. Risks in university-industry research links and the implications for university management [J]. Journal of Higher Education Policy and Management, 2002, 24: 37 - 51.

[173] Hayashi, T. Effect of R&D programmes on the formation of university—industry—government networks: Comparative analysis of Japanese R&D programmes. Research Policy, 2003, 32: 1421 - 1442.

[174] Hemmert, Martin, Ludwig Bstieler, Hiroyuki Okamuro. Bridging the cultural divide: Trust formation in university-industry research collaborations in the US, Japan, and South Korea [J]. Technovation, 2014, 34: 605 - 616.

[175] Herold, D. M., Jayaraman, N., Narayanaswamy, C. R. What is the relationship between organizational slack and innovation? [J]. Journal of Managerial Issues, 2006, 18 (3): 372 - 392.

[176] Holger Patzelt et al. Financial slack and venture managers' decisions to seek a new alliance [J]. Journal of Business Venturing, 2008, 23: 465 - 481.

[177] Ishaya T., Macaulay L. The role of trust in virtual teams [J]. Electronic Journal of Organizational Virtualness, 1999 (1): 140 - 157.

[178] Janet E. L. Bercovitz, Maryann P. Feldman. Fishing upstream: Firm innovation strategy and university research alliances [J]. Research

Policy, 2007, 36: 930 - 948.

[179] Jensen M, Meckling W. Theory of the firm: managerial behavior agency cost and ownership structure [J]. Journal of Financial Economics, 1976 (3): 305 - 360.

[180] Jensen, M. C. Agency costs of free cash flow, corporate finance, and takeovers [J]. American Economic Review, 1986, 76 (2): 323 - 329.

[181] Klofsten, M., Jones - Evans, D. Stimulation of technology-based small firms—A case study of university—industry cooperation [J]. Technovation, 1996, 16: 187 - 193.

[182] Laffranchini, Giacomo, Mike Braun. Slack in family firms: evidence from Italy (2006 - 2010) [J]. Journal of Family Business Management, 2014, 4 (2): 171 - 193.

[183] Lai, Wen - Hsiang. Willingness-to-engage in technology transfer in industry-university collaborations [J]. Journal of Business Research, 2011, 64: 1218 - 1223.

[184] Laursen Keld, Relchstein Toke, Salter, Ammon. Exploring the Effect of Geographical Proximity and University Quality on University-Industry Collaboration in the United Kingdom [J]. Regional Studies, 2011, 45 (4): 507 - 523.

[185] Lecuona, J. R. and M. Reitzig. Knowledge worth having in 'excess': The value of tacit and firm-specific human resource slack [J]. Strategic Management Journal, 2014, 35 (7): 954 - 973.

[186] Lee, J., Win, H. N. Technology transfer between university research centers and industry in Singapore [J]. Technovation, 2004, 24: 433 - 442.

[187] Lee, Y. The sustainability of university-industry research

collaboration: An empirical assessment [J]. Journal of Technology Transfer, 2000, 25: 111 - 133.

[188] Lee, Chia - Ling, Wu, Hsu - Che. How do slack resources affect the relationship between R&D expenditures and firm performance? [J]. R&D Management, 2015, 45: 1 - 21.

[189] Leibenstein, H. Organizational or frictional equilibria, X-efficiency, and the rate of innovation [J]. Quarterly Journal of Economics, 1969, 83: 600 - 625.

[190] Lin, Wen - Ting, Yunshi Liu. Successor characteristics, organisational slack, and change in the degree of firm internationalisation [J]. International Business Review, In Press, Corrected Proof, Available online 12 February 2011.

[191] Lin, Wen - Ting. How do managers decide on internationalization processes? The role of organizational slack and performance feedback [J]. Journal of World Business, 2014, 49: 396 - 408.

[192] Litschert R. J., Bonham, T. W. A conceptual model of strategy formatron [J]. Academy of Management Review, 1978, 3 (2): 211 - 219.

[193] Logar, C. M., Ponzurick, T. G., Spears, J. R., France, K. R. Commercializing intellectual property: A university-industry alliance for new product development [J]. Journal of Product and Brand Management, 2001, 10: 206 - 217.

[194] López - Martínez, R. E., Medellín, E., Scanlon, A. P., Solleiro, J. L. Motivations and obstacles to university industry cooperation (UIC): A Mexican case [J]. R&D Management, 1994, 24: 17 - 30.

[195] Lorenzon, i G., Lipparin, i A. The leveraging of interfirm relationships as a distinctive organizational capability: A longitudinal

study [J]. Strategicmanagement Journal, 1999, 20: 317 - 338.

[196] Lumpkin G. T., Dess G. G. Clarifying the entrepreneurial orientation construct and linking it to performance [J]. Academy of Management Review, 1996, 21 (1): 135 - 172.

[197] MacCormack A., Verganti R., Iansiti M. Developing products "on internet time": the anatomy of a flexible development process [J]. Management Science, 2001, 47 (1): 133 - 150.

[198] Maietta, Ornella Wanda. Determinants of university-firm R&D collaboration and its impact on innovation: A perspective from a low-tech industry [J]. Research Policy, 2015, 44: 1341 - 1359.

[199] Majumdar, S. K., Venkataraman, S. New technology adoption in US telecommunications: The role of competitive pressures and firm-level inducements [J]. Research Policy, 1993, 22: 521 - 536.

[200] March, J. C., H. A. Simon. Organizations [M]. New York: John Wiley, 1958.

[201] Marlin, Dan, Geiger, Scott W. A reexamination of the organizational slack and innovation relationship [J]. Journal of Business Research, 2015, 68 (12): 2683 - 2690.

[202] Marlin, Dan, Geiger, Scott W. The organizational slack and performance relationship: a configurational approach [J]. Management Decision, 2015, 53 (10): 2339 - 2355.

[203] Merino, F. and Rodríguez, D. R. A consistent analysis of diversification decisions with non-observable firm effects [J]. Strategic Management Journal, 1997, 18 (9): 733 - 743.

[204] Meyer, A. D. Adapting to environment jolts [J]. Administrative Science Quarterly, 1982, 27: 515 - 537.

[205] Miles, R. E., C. C. Snow. Organizational strategy, struc-

ture and process. New York: McGraw – Hill Book Company, 1978.

[206] Miller D. The correlates of entrepreneurship in three types of firms [J]. Management Science, 1983, 29 (7): 770 – 791.

[207] Miller, K. D., Leiblein, M. J. Corporate risk-return relations: returns variability versus downside risk [J]. Academy of Management Journal, 1996, 39: 91 – 122.

[208] Mishina, Y., Pollock, T. G., Porac, J. F. Are more resources always better for growth? Resource stickiness in market and product expansion [J]. Strategic Management Journal, 2004, 25 (12): 1179 – 1197.

[209] Mitsuhashi, H. Uncertainty in selecting alliance partners: The three reduction mechanisms and alliance formation processes [J]. International Journal of Organisational Analysis, 2002, 10: 109 – 133.

[210] Mousa, Fariss Terry, Chowdhury, Jaideep. The relationship between organizational slack and innovation: revisited [J]. American Journal of Business, 2014, 29 (1): 26 – 42.

[211] Mousa, Fariss – Terry, Chowdhury, Jaideep. Organizational slack effects on innovation: the moderating roles of CEO tenure and compensation [J]. Journal of Business Economics & Management, 2014, 15 (2): 369 – 383.

[212] Mowery D. C., Oxley J. E., Silverman B. S. Strategic alliances and interfirm knowledge transfer [J]. Strategic Management Journal, 1996, 17: 77 – 91.

[213] Murro, Eduardo Vinícius Bassi, et al. Relationship between organizational slack and innovation in companies of bm & fbovespa [J]. RAM, REV. ADM. MACKENZIE, 2016, 17 (3): 132 – 157.

[214] Muscio, Alessandro. University-industry linkages: What are

the determinants of distance in collaborations? [J]. Papers in Regional Science, 2013, 92 (4): 715 - 739.

[215] Nelson, R., and Winter, S. An Evolutionary Theory of Economic Change [M]. Harvard University Press, Cambridge, MA, 1982.

[216] Nielsen, Christian and Katja Cappelen. Exploring the Mechanisms of Knowledge Transfer in University-Industry Collaborations: A Study of Companies, Students and Researchers [J]. Higher Education Quarterly, 2014, 68 (4): 375 - 393.

[217] Penrose, E. The Theory of the Growth of the Firm [M]. Oxford: Basil Blackford, 1959.

[218] Perkmann, M., Neely, A., Walsh, K. How should firms evaluate success in university-industry alliances? A performance measurement system [J]. R&D Management, 2011, 41: 202 - 216.

[219] Perkmann, M., King, Z., Pavelin, S. Engaging excellence? Effects of faculty quality on university engagement with industry [J]. Research Policy, 2011, 40: 539 - 552.

[220] Petruzzelli, Antonio Messeni. The impact of technological relatedness, prior ties, and geographical distance on university-industry collaborations: A joint-patent analysis [J]. Technovation, 2011, 31 (7): 309 - 319.

[221] Plewa, Carolin, Nisha Korff, Thomas Baaken and Greg Macpherson. University-industry linkage evolution: an empirical investigation of relational success factors [J]. R&D Management, 2013, 43 (4): 365 - 380.

[222] Pondy, L. R. Organizational Conflict: Concepts and Models [J]. Administrative Science Quarterly, 1967, 12 (2): 296 - 320.

[223] Poynter, T. A., White, R. E.. The strategies of foreign

subsidiaries: responses to organizational slack [J]. International Studies of Management & Organization, 1985, 14 (4): 91 – 106.

[224] Riahi – Belkaoui, Ahmed. The Impact of the Multi-divisional Structure on Organizational Slack: The Contingency of Diversification Strategy [J]. British Journal of Management, 1998, 9: 211 – 217.

[225] Rosenkopf L, Nerkar A. Beyond local search: Boundary-spanning, exploration, and impact in the optical disk industry [J]. Strategic Management Journal, 2001, 22 (4): 287 – 306.

[226] Ruiz – Moreno, Antonia, Víctor J. García-Morales and Francisco Javier Llorens – Montes. The moderating effect of organizational slack on the relation between perceptions of support for innovation and organizational climate [J]. Personnel Review, 2008, 37 (5): 509 – 525.

[227] Sanghoon Lee. Slack and innovation: Investigating the relationship in Korea [J]. Journal of Business Research, 2015, 68: 1895 – 1905.

[228] Santoro, M. D., Betts, S. C. Making industry-university partnerships work [J]. Research Technology Management, 2002, 45: 42 – 46.

[229] Santoro, M. D., Chakrabarti, A. K. Building industry-university research centers—Some strategic considerations [J]. International Journal of Management Review, 1999, 1: 225 – 244.

[230] Santoro, M. D., Gopalakrishnan, S. The institutionalization of knowledge transfer activities within industry-university collaborative ventures [J]. Journal of Engineering and Technology Management, 2000, 17: 299 – 319.

[231] Schartinger, D., Rammer, C., Fischer, M., & Froöhlich, J. Knowledge interactions between universities and industry in Austria:

Sectoral patterns and determinants [J]. Research Policy, 2002, 31: 303 - 328.

[232] Segarra - Blasco, Agustí, Arauzo - Carod, Josep - Maria. Sources of innovation and industry-university interaction: Evidence from Spanish firms [J]. Research Policy, 2008, 37: 1283 - 1295.

[233] Shahzad, Ali M., Fariss T. Mousa, Mark P. Sharfman. The implications of slack heterogeneity for the slack-resources and corporate social performance relationship [J]. Journal of Business Research, 2016, 69: 5964 - 5971.

[234] Shane S., Venkataraman S. The promise of entrepreneurship as a field of research [J]. Academy of Management Review, 2000, 26 (1): 217 - 226.

[235] Sharfman, M. P., Wolf, G., Chase, R. B., & Tansik, D. A. Antecedents of organizational slack [J]. Academy of Management Review, 1988, 13 (4): 601 - 614.

[236] Sher P. J., Yang P. Y. The Effects of Innovative Capabilities and R&D Clustering on Firm Performance: The Evidence of Taiwans' Semiconductor Industry [J]. Technovation, 2005, 25 (1): 33 - 431.

[237] Sherwood, A. L., Butts, S. B., Kacar, S. L. Partnering for knowledge: A learning framework for university-industry collaboration [C]. Midwest Academy of Management, 2004 Annual Meeting, 2004: 1 - 17.

[238] Sidhu J. S., Commandeur H. R., Volberda H. W. The multifaceted nature of exploration and exploitation: Value of supply, demand, and spatial search for innovation [J]. Organization Science, 2007, 18 (1): 20 - 38.

[239] Siegel, D. S., Waldman, D. A., Atwater, L. E., &

Link, A. N. Toward a model of the effective transfer of scientific knowledge from academicians to practitioners: Qualitative evidence from the commercialization of university technologies [J]. Journal of Engineering and Technology Management, 2004, 21: 115 -142.

[240] Smith, R. L., Kim, J. H. The combined effects free cash flow and financial slack on bidder and target stock returns [J]. Journal of Business, 1994, 67 (2): 281 -310.

[241] Simsek, Z., Veiga, J. F., Lubatkin, M. H. The Impact of Managerial Environmental Perceptions on Corporate Entrepreneurship: Towards Understanding Discretionary Slack's Pivotal Role [J]. Journal of Management Studies, 2007, 44 (8): 1398 -1424.

[242] Singh, J. V. Performance, slack, and risk taking in organizational decision making [J]. Academy of Management Journal, 1986, 29 (3): 562 -585.

[243] Sofka W, Grimpe C. Specialized search and innovation performance-evidence across Europe [J]. R&D Management, 2010, 40 (3): 310 -323.

[244] Soh, Pek - Hooi, Annapoornima M. Subramanian. When do firms benefit from university-industry R&D collaborations? The implications of firm R&D focus on scientific research and technological recombination [J]. Journal of Business Venturing, 2014, 29: 807 -821.

[245] Tan, J., Peng, M. W. Organizational Slack and Firm Performance During Economic Transitions: Two Studies from an Emerging Economy [J]. Strategy Management Journal, 2003, 24 (13): 1249 -1263.

[246] Tartari Valentina, Breschi Stefano. Set them free: scientists' evaluations of the benefits and costs of university-industry research collab-

oration [J]. Industrial and Corporate Change, 2012, 21 (5): 1117 - 1147.

[247] Tartari, Valentina, Ammon Salter. The engagement gap: Exploring gender differences in University-Industry collaboration activities [J]. Research Policy, 2015, 44: 1176 - 1191.

[248] The commercialization of university technologies [J]. Journal of Engineering and Technology Management, 2004, 21: 115 - 142.

[249] Thompson, J. D. Organizations in Action [M]. New York: McGrawHill, 1967.

[250] G. Troilo, L. M. D. Luca, K. Atuahene - Gima. More Innovation with Less? A Strategic Contingency View of Slack Resources, Information Search, and Radical Innovation [J]. Journal of Product Innovation Management, 2014, 31 (2): 259 - 277.

[251] Tseng, C. H., Tansuhaj, P. Hallagan, W., McCullough, J. Effects of firm resources on growth in multinationality [J]. Journal of International Business Studies, 2007, 38 (6): 961 - 974.

[252] Veugelers, R., Cassiman, B. R&D cooperation between firms and universities. Some empirical evidence from Belgian manufacturing. International Journal of Industrial Organization [J]. 2005, 23: 355 - 379.

[253] Voss G. B., Sirdeshmukh D., Voss Z. G. The effects of slack resources and environmental threat on product exploration and exploitation [J]. Academy of Management Journal, 2008, 51 (1): 147 - 164.

[254] Wang Haiwei, Zhu Jianzhong, Xu Qingrui. Review on the Evaluation of Technology Innovation Ability [J]. Journal of China University of Geosciences (Social Sciences Edition), 2005, 5 (5): 26 - 30.

[255] Wen - Ting Lin, Kuei - Yang Cheng, Yunshi Liu. Organizational slack and firm's internationalization: A longitudinal study of high-technology firms [J]. Journal of World Business, 2009, 44: 397 - 406.

[256] Wright, P. M., McMahan, G. C., McWilttams, A. Human resources and sustained competitive advantage: a resource-based perspective [J]. International Journal of Human Resource Management, 1994, 5 (2): 302 - 326.

[257] Yi - Fen Huang, Chung - Jen Chen. The impact of technological diversity and organizational slack on innovation [J]. Technovation, 2010, 30: 420 - 428.

[258] Zajac, E. J., Golden, B. R., Shortell, S. M. New organizational forms for enhancing innovation: The case of internal corporate joint ventures [J]. Management Science, 1991, 37 (2): 170 - 184.

[259] H. Zhao, X. TONG, P. K. WONG J. Zha. Types of Technology Sourcing and Innovative Capability: An Exploratory Study of Singapore Manufacturing Firms [J]. The Journal of High Technology Management Research, 2005, 16 (2): 209 - 2241.

[260] Zhong Heping. The Impact of Organizational Slack on the Performance of Mechanical Manufacturing Firms [J]. Lecture Notes in Electrical Engineering, 2012, 176 (1): 45 - 50.

[261] Zhong Heping. Incentive contracts for R&D personnel's technological innovation based on organizational slack [J]. International Review on Computers and Software, 2012, 7 (4): 1803 - 1811.

[262] Zhong Heping. Empirical Analysis on the Performance of Pharmaceutical and Chemical Firms [J]. International Review on Computers and Software, 2012, 7 (5): 2472 - 2479.

[263] Zhong Heping. Slack Resources and the Performance of Information Technology Firms [J]. WIT Transactions on Information and Communication Technologies, 2013, 61 (4): 1595 - 1602.

[264] Zhong Heping. Optimal contracts of production personnel's innovation based on slack resources [J]. Computer Modelling & New Technologies, 2014, 18 (4): 164 - 171.

[265] Zhong Heping. Game Analysis of Product - Service Integration [J]. Journal of Industrial Engineering and Management, 2014, 7 (5): 1447 - 1467.

附录

《校企合作创新》调查问卷

尊敬的先生/女士：您好！

本问卷旨在探讨校企合作创新的问题与解决途径，其研究结果有助于学术发展和企业实践上的应用，若没有您的帮助，我们的研究将无法顺利完成。烦请您费心填写，谢谢！

问卷填写说明如下：（1）填空题，请您如实填写在空白处；（2）单选题，请您在多个选项中选择一个最合适的选项，并在相应数字上画"○"或"√"；（3）多选题，请您在多个选项中选择几个最接近企业实际的选项，并在相应数字上画"○"或"√"。

本问卷仅作研究之用，我们郑重承诺，将会对所有参与调研的企业和个人的数据保密，请您放心！

《校企合作创新》课题组

一、被访企业基本信息

001 被访问人职务：	002 被访问人的工作年限：
003 被访问人的文化程度：	004 企业名称：
005 主营业务：	006 所在省市：

101. 贵企业的所有制类型是

（1）国有/集体企业　（2）私营企业

（3）中外合资企业　（4）外商独资企业

102. 贵企业近三年的年均销售额是

（1）300 万元以下　（2）300 万～2000 万元

（3）2000 万～4 亿元　（4）4 亿～20 亿元

（5）20 亿元以上

103. 贵企业的员工人数是

（1）1～20 人　（2）21～300 人　（3）301～1000 人

（4）1001～2000 人　（5）2000 人以上

104. 贵企业的资产总额是

（1）1000 万元以下　（2）1000 万～5000 万元

（3）5000 万～5 亿元　（4）5 亿～25 亿元

（5）25 亿元以上

105. 贵企业的年龄是

（1）3 年以下　（2）3～5 年　（3）5～10 年

（4）10～20 年　（5）20 年以上

二、企业经营和管理状况

201. 在过去的三年中，与竞争对手相比，贵企业在下列方面如何？

	很低	低	中等	高	很高
（1）销售的增长	1	2	3	4	5
（2）销售利润率	1	2	3	4	5
（3）市场份额的增长	1	2	3	4	5
（4）资产利润率	1	2	3	4	5
（5）利润增长	1	2	3	4	5
（6）投资回报率	1	2	3	4	5

202. 相对于行业平均水平，企业下列资源的富裕程度如何？请根据企业实际判断下列陈述的符合程度：

完全不符合　无所谓　完全符合

（1）企业的生产能力富裕太多　1　2　3　4　5

（2）企业的主要设备闲置太多　1　2　3　4　5

（3）企业生产经营的废料未充分利用

1　2　3　4　5

（4）企业的经营场地（厂房）未充分利用

1　2　3　4　5

（5）企业人员富余太多　1　2　3　4　5

（6）企业主要部门的人员富余太多

1　2　3　4　5

（7）企业重要岗位的人员非常丰裕

1　2　3　4　5

（8）企业拥有的技术储备很多　1　2　3　4　5

（9）企业拥有的专利技术很多　1　2　3　4　5

（10）企业掌握的技术诀窍很多　1　2　3　4　5

（11）企业主要设备的技术性很强

1　2　3　4　5

203. 与竞争对手相比，贵企业在下列方面如何？请根据企业实际选择您对下列陈述的赞同程度：

完全不同意　无所谓　完全同意

（1）企业拥有足够现金　1　2　3　4　5

（2）企业的融资能力很强　1　2　3　4　5

（3）企业的债务水平很低　1　2　3　4　5

（4）企业经营决策时，常常感到资金供给非常充足

1　2　3　4　5

204. 根据您所在企业的经营环境情况，请选择您对下列陈述的赞同程度：

完全不同意　无所谓　完全同意

（1）顾客偏好的变化很快　1　2　3　4　5

（2）新顾客的需求与现有顾客的需求明显不同

1　2　3　4　5

（3）顾客的消费倾向很不容易预测

1　2　3　4　5

（4）顾客需求的变化很快　1　2　3　4　5

（5）行业内产品技术变化很快　1　2　3　4　5

（6）企业所处行业的技术容易被淘汰

1　2　3　4　5

（7）行业主导技术的变革和发展迅速

1　2　3　4　5

（8）行业内的竞争非常激烈　1　2　3　4　5

（9）行业内的价格战频繁　1　2　3　4　5

（10）行业内新的竞争行为大量涌现

1　2　3　4　5

205. 根据您所在企业的经营情况，请选择您对下列陈述的赞同程度：

完全不同意　无所谓　完全同意

（1）识别企业外部市场、技术的知识的能力强

1　2　3　4　5

（2）理解企业外部市场、技术的知识的能力强

1　2　3　4　5

（3）评估企业外部市场、技术的知识的能力强

1　2　3　4　5

（4）企业对外部市场、技术知识进行消化吸收的能力强

1 2 3 4 5

（5）企业能很快利用消化的新知识进行新产品或服务的开发

1 2 3 4 5

（6）企业能很快根据新知识和经验修订内部运作流程

1 2 3 4 5

206. 近三年来，贵企业以下几个方面与行业平均水平相比，所处的位置是：

落后很多 相当 大大领先

（1）企业研发经费投入占年销售收入的比重

1 2 3 4 5

（2）企业研发人员 1 2 3 4 5

（3）企业研发经费支出 1 2 3 4 5

（4）用于产品开发的研发经费支出

1 2 3 4 5

三、校企合作情况

301. 与竞争对手相比，贵企业与高校合作创新成效如何？

落后很多 相当 大大领先

（1）联合申报各级政府科技项目 1 2 3 4 5

（2）联合申请专利 1 2 3 4 5

（3）企业与合作高校成交的技术转让或咨询合同

1 2 3 4 5

（4）共建研发机构（实验室） 1 2 3 4 5

（5）联合开发项目 1 2 3 4 5

（6）联合培养技术人才 1 2 3 4 5

302. 根据贵企业与高校合作创新的实际情况，请您判断下列陈述的符合程度：

	完全不符合		无所谓		完全符合
（1）我们已经与合作高校合作了较长时间	1	2	3	4	5
（2）我们愿意与现有合作高校持续保持合作创新关系	1	2	3	4	5
（3）如果可以重新选择，我们仍然会选择现在的合作高校	1	2	3	4	5
（4）我们与合作高校的合作关系非常愉快	1	2	3	4	5
（5）与高校合作提高了我们的创新能力	1	2	3	4	5
（6）与高校合作实现了预期目标	1	2	3	4	5
（7）与高校合作促进了我方参与人员技术水平的提高	1	2	3	4	5
（8）与高校合作，我们学到了先进技术	1	2	3	4	5
（9）与高校合作促进了企业人才队伍的建设与发展	1	2	3	4	5

303. 企业在选择高校合作创新时，看重下列因素的程度：

	很不看重		一般		很看重
（1）高校技术的市场适应性	1	2	3	4	5
（2）高校技术的时效性	1	2	3	4	5
（3）高校拥有知识产权的质和量	1	2	3	4	5
（4）合作技术的互补性	1	2	3	4	5
（5）合作技术与原技术的兼容性	1	2	3	4	5
（6）合作高校的声誉	1	2	3	4	5

（7）合作高校有完善的鼓励校企合作的激励制度

1　2　3　4　5

（8）合作专家的专业能力　1　2　3　4　5

（9）合作专家的态度、动机、理念

1　2　3　4　5

（10）合作专家的工作效率　1　2　3　4　5

304. 根据您所在企业的实际情况，请选择您对下列陈述的赞同程度：

完全不同意　无所谓　完全同意

（1）企业设备、原材料富余较多，需要通过校企合作开发其价值　1　2　3　4　5

（2）企业人力资源富余较多，需要通过校企合作开发其价值

1　2　3　4　5

（3）企业财务资金富余较多，需要通过校企合作开发其价值

1　2　3　4　5

（4）企业有充足的资源，校企合作创新能加快企业的发展

1　2　3　4　5

（5）企业的技术水平较低，需要通过校企合作来提高

1　2　3　4　5

（6）若不与高校合作，我们的技术就要被淘汰

1　2　3　4　5

（7）新产品开发的不确定性较大，与高校合作降低了风险

1　2　3　4　5

（8）新技术的出现使我们不得不与高校合作

1　2　3　4　5

305. 根据您所在企业的实际情况，请选择您对下列陈述的赞同程度：

完全不同意　无所谓　完全同意

（1）与高校合作创新能抓住我们发现的市场机会

1　2　3　4　5

（2）市场需求的变化促使我们与高校合作来应对

1　2　3　4　5

（3）顾客需求变化太快，我们需要与高校合作才能适应

1　2　3　4　5

（4）国内市场竞争促使我们与高校合作

1　2　3　4　5

（5）竞争对手在与高校合作，我们也要与高校合作

1　2　3　4　5

306. 贵企业与高校合作创新的方式有（可以多选）：

（1）技术转让；（2）委托开发；（3）联合项目开发；（4）共建研发机构（实验室）；（5）联合创办新企业；（6）技术咨询服务；（7）人才培养；（8）资源（设备）共享；（9）无合作。